张祖庆名师工作室原创小说

名家名作里的
阅读密码

张祖庆 邱慧芬 著

01

人民邮电出版社

北京

图书在版编目（CIP）数据

名家名作里的阅读密码 / 张祖庆，邱慧芬著. -- 北
京 : 人民邮电出版社，2023.9（2024.3重印）
ISBN 978-7-115-60962-5

Ⅰ. ①名… Ⅱ. ①张… ②邱… Ⅲ. ①阅读课－小学
－教学参考资料 Ⅳ. ①G624.233

中国国家版本馆CIP数据核字(2023)第015087号

内 容 提 要

　　本书用奇幻的童话故事串讲整本书阅读的方法，角度新鲜，文字顺畅，精选《绿山墙的安妮》《战马》《西游记》《俗世奇人》《汤姆·索亚历险记》《骆驼祥子》《朝花夕拾》这七部经典名著，涵盖成长小说、冒险小说、古典小说、现代小说和散文等类型，将猜读法、串联法、吞读法、盘点法、情节法、背景法、共鸣法等整本书阅读的方法，掰开了、揉碎了讲给孩子，消除孩子对读名著的畏难心理，帮助孩子一点一点啃读名著，接收书中的智慧滋养。

　　本书适合害怕读名著、读经典作品囫囵吞枣的3~6年级小学生阅读，也可供小学生家长、小学语文教师及阅读推广人员参考。

◆ 著　　　　　张祖庆　邱慧芬
　　责任编辑　　折青霞
　　责任印制　　周昇亮
◆ 人民邮电出版社出版发行　　北京市丰台区成寿寺路 11 号
　　邮编　100164　　电子邮件　315@ptpress.com.cn
　　网址　https://www.ptpress.com.cn
　　北京九天鸿程印刷有限责任公司印刷
◆ 开本：700×1000　1/16
　　印张：21.25　　　　　　　　2023 年 9 月第 1 版
　　字数：179 千字　　　　　　 2024 年 3 月北京第 2 次印刷

定价：120.00 元（全 3 册）

读者服务热线：(010)81055296　印装质量热线：(010)81055316
反盗版热线：(010)81055315
广告经营许可证：京东市监广登字 20170147 号

推荐语

对**孩子**来说，这是一本**有趣**的书。

王小歪在乡下的日子充满欢乐、令人向往，王小歪和书虫一起遨游书海、奋力闯关，又是那样刺激、那样新鲜。读着读着，你会发现，大部头的经典名著并不可怕，找对方法就可以读出趣味来。

对**老师**来说，这是一本**有用**的书。

怎样站在儿童的视角设计出孩子们喜闻乐见的班级读书会呢？如何去破解经典童书的共读密码呢？答案就藏在轻松愉悦的文字间。

对**家长**来说，这是一本**有益**的书。

当小歪抵触阅读经典名著的时候，他的父母用智慧化解了难题，以"盐溶于水"的方式为孩子提供阅读的机会，让孩子体会到"闯关成功"的成就感。无疑，小歪的父母，是他阅读成长轨迹中的重要推手。

——李蔚娜　河北省邢台市金华实验小学

本书承接《名家名篇里的写作密码》，由五年级的"小歪"他的小伙伴"书虫"作为领读者，熟悉而有亲切感。一个同样害怕阅读经典名著的小伙伴，能引起孩子们的共鸣。在小歪、书虫的引领下，孩子们就像是跟随熟悉的好朋友，满心欢喜地进入名著阅读的海洋中。

本书由绿、蓝、红、黄、橙、青、紫七种色彩的卡片，在一套童书中用生动的情节，将七部不同风格的经典名著串联在一起，既可以通过最为精彩的部分，让孩子们爱上阅读名著，又可以通过阅读、掌握、巩固语文教材中要求的阅读方法。

书中，狄金森的诗《没有一艘船能像一本书》在打开包裹时、在梦中、在闯迷宫时、在颁奖典礼时反复出现，可以给孩子们以积极的心理暗示——一本书，可以把人带往远方。反复的手法，让小歪和与小歪同龄的孩子们在不同的情境中、在一次次的阅读中，明白阅读的意义。

本书的故事情节生动有趣，小歪一次次成功闯关并总结阅读方法，孩子们似乎也亲自经历了一个由拒绝名著到爱上名著的过程。本书最后以小歪获得掌声结束，小歪的成功，就是爱上阅读名著的孩子们的成功。孩子们无意中的角色自居，会让自己如同小歪一般，"想要读更多的书，读更多的好书"。

——罗学芬 广东省东莞市东城虎英小学

《名家名作里的阅读密码》一书以独特的文风、巧妙的构思、引人入胜的情节，吸引读者的眼球，让读者与主人公一同沉浸在充满魅力和惊奇的世界里，从中感受阅读名家名作的乐趣，获得启迪。

——凌华英　浙江省衢州市常山县第一小学

读王小歪，我仿佛读到了坐在教室里的、我的学生们。这些孩子，正如王小歪，喜欢玩儿，喜欢读惊险刺激的故事，却对经典文学作品提不起什么兴趣。怎样让"王小歪们"真正领略到文学作品的美好，成为了一道难题，困扰着许多老师和家长。

《名家名作里的阅读密码》深谙孩子们的心理，知道他们**喜欢故事，喜欢冒险，喜欢游戏**，于是，作者便让王小歪代替所有对经典文学作品犯怵的孩子，在书海世界完成了一个个**有趣又有料**的闯关游戏。

如果说，七彩石是王小歪打开书海世界的一把钥匙，那么这套《名家名作里的阅读密码》将成为孩子们打开经典文学作品的**一把钥匙**！

——余平辉　湖南省长沙市周南梅溪湖小学

课外阅读，书海茫茫不知道如何选书怎么办？大部头的书，孩子读得虎头蛇尾怎么办？看似读了很多书，孩子的语文成绩没有明显提升怎么办？这套书里都有答案！

经典： 著名特级教师张祖庆亲自为您精选书目，成长、冒险、古典、现代，部部经典！

有趣： 把一本本厚厚的书放在一个个故事里，阅读之旅就是神奇的发现之旅。

有料： 一本书有一本书的读法，猜读法、盘点法、串联法……教你学会阅读名著，举一反三！

小朋友或许会觉得自己就是王小歪，带着有特异功能的书虫，一路闯关。在阅读中感受跌宕起伏的情节，走近经典的人物形象，发现独特的表达方式。

小朋友可以这样读： 采访一下爸爸妈妈，或许他们小时候也读过那些名著，然后和爸爸妈妈一边读书，一边聊书；和你的好朋友组成阅读小组一起读，交流读书方法。

爸爸妈妈可以这样读： 陪着孩子一起读这本书，告诉孩子你们小时候读过其中的哪些名著，分享阅读感受；和孩子一起看这些名著拍成的电影。

老师们可以这样读： 带着孩子们读这本书，让这本书成为打开经典的钥匙；办一次读书会，请同学们分享阅读收获……

——邹莲芳　江苏省苏州工业园区独墅湖学校

这是一本**适合孩子**阅读的书。作者将知识与故事融为一体，大大增强了本书的可读性。孩子们在故事中学习，在学习中读故事，实现了玩与学的结合。

这是一本**适合教师**阅读的书。教师可以从中学到如何从不同的角度将知识进行融合，如何给知识穿上一件漂亮的外衣，如何从儿童的角度润物细无声。

这是一本**适合家长**阅读的书。家长们可以了解孩子的阅读情况，探寻孩子的精神世界，共建孩子的心灵家园。亲子阅读同品味，终身学习共成长。

——白燕　河南省郑州市郑东新区中州大道小学

- -

这里有**奇特的想象**、**奇幻的世界**、**奇妙的旅程**。这套书把名家名作的阅读方法以**闯关**、**游戏**、**竞赛**、**秀场**等形式串联成奇幻故事，既渗透了名家名篇的读写方法，又促进了孩子对名家名作的整体理解。孩子们随着主人公王小歪畅游于一个个好玩的故事中。新颖的情节和轻松活泼的语言，非常适合孩子阅读！

——张羽轩　湖南省长沙市开福区清水塘溪泉湾小学

- -

　　《名家名作里的阅读密码》让人眼前一亮，似乎从没有一本书是用故事将阅读方法串联起来。这套书让我联想到了《苏菲的世界》，作者构建了一个环环相扣的多重世界，一方面通过讲述哲学思想启发读者思考，一方面用故事制造悬疑、引人入胜。这套书也是一样。

　　这是一套**奇幻故事书**。

　　书里讲的是畏惧阅读经典名著的男孩——小歪，和指引小歪阅读的好朋友——书虫，在暑假阅读名著的故事。这些故事，拉近了孩子们与名著的距离。

　　这是一套**阅读方法论**。

　　书里讲了猜读法、串联法、吞读法、盘点法、情节法、背景法……把自己变成小歪，运用这些方法，一同闯一闯"七彩石"阅读关，你也能成为阅读专家。

　　这是一套**多种文体的导读**。

　　读不同的文体，就像吃不同的菜，种类越多，营养越好。这里有成长小说、冒险小说、古典小说、现代小说和散文等类型。你可以深入《绿山墙的安妮》《战马》《西游记》《俗世奇人》《汤姆·索亚历险记》《骆驼祥子》《朝花夕拾》的奇幻世界，爱上阅读经典名著。

　　　　　　　　　　　——吾康　浙江省宁波市鄞州区堇山小学

第一次读这么有创意的名著导读故事，惊喜、震撼。它把艰涩的阅读方法，融入有趣的童话故事中，帮孩子打消了畏难心理，激发了阅读兴趣，提升了阅读效率。这正是一线语文老师所需要的。

——曹秋英　浙江省衢州市实验学校

本书以梦入书海世界开启闯关游戏的方式推进，符合孩子们的阅读心理。在王小歪和书虫的对话中展开情节，将阅读名著的方法娓娓道来，方法融入故事情境中，很用心，很耐看。不知不觉中，你被故事吸引，吸收了不少阅读名著的方法。小说中狄金斯关于阅读的诗反复出现，既是一个线索，也显示了读经典作品的重要性，美哉！让鲁迅、汤姆等名著人物演讲，与青少年对话，独具匠心，妙哉！

——黄斌　重庆市渝中区中华路小学校

寓教于故事之中，欲学而不察。读写密码系列两个故事，助力我们牵住语文的牛鼻子。哈哈，又有新书和学生一起读啦。

——马羽　河北省沧州市国营青县农场中心学校

对名著望而生畏，如何破？阅读名著无章法，如何破？跟着王小歪，你将得到梦入书海世界的闯关邀约。充满奇幻色彩的闯关之旅中，七部名著，部部经典；七种阅读方法，种种奇妙。读完本书，你将轻松收获七种阅读方法。本书提供的阅读名著方法，助力你啃读更多经典名著，在更广阔的书海世界遨游。

——苏盛　浙江省台州市椒江区葭沚小学

阅读，是需要毅力的。而阅读名著就是一种培养坚毅品质的升维阅读。《名家名作里的阅读密码》这本书采用贴合学生认知的方式，让学生在小说的内生情境中学习阅读名著，给学生一把在数字时代生存需要的金钥匙。

——姜晓燕　浙江省金华市武义县实验小学

俏皮的笔调融入趣味的元素，将庞大的名著材料加以巧妙的剪裁与组合，并用众多阅读方法进行技巧性的包装，打破了小学生读名著的僵局与乏味。捧起这本书，你定能在爱不释手中体验到一个更大、更深刻的世界。

——潘慧慧　浙江省温岭市方城小学

传说，犹太民族热爱阅读的秘密，是给孩子的书抹蜜。祖庆老师就是给经典名著抹上蜜的人。这套《名家名作里的阅读密码》，直击孩子阅读经典名著**读不进、读得浅的痛点，用好故事、好方法循循善诱**，引领、支持孩子深入经典阅读的世界。家长可以从中汲取陪伴阅读的智慧，老师还能从故事读出完整的整本书阅读教学设计，是不是很惊喜呢？

——陈珍　江西省鹰潭市月湖区教育体育局教研室

书中的七部名著，就像一朵七色花。每摘下一片花瓣，都会有神奇的变化发生：不再畏难、趣味预测、真实体验、深度发问……穿行在轻巧的奇幻故事里，不知不觉，你就采集到了许多阅读名著的好方法。相信读完《名家名作里的阅读密码》的你，也会成为一条在书海中出入自由的、快乐的"书虫"。

——周梦依　湖南省长沙市天心区仰天湖桂花坪小学

还有以下数十位老师也真诚推荐这套《名家名作里的阅读密码》，他们是（排名不分先后）——

秦　杰　河北省沧州市青县实验小学

苗旭峰　福建省厦门市英才学校

章健文　上海市浦东教育发展研究院

徐　娟　陕西省渭南市富平县教研室

陈美珍　浙江省东阳市吴宁第一小学

杨德红　辽宁省大连市中山区秀月小学

雷　雨　重庆市巴南区鱼洞第二小学校

王莉舒　浙江省杭州市萧山区南城小学

黄　红　陕西省西安市高新区第三小学

李士敏　浙江省温州市瓯海区仙岩实验小学

黄文娟　江苏省苏州市吴江区长安实验小学

刘津津　广东省深圳市南山区龙珠学校

邱运来　广东省中山市三乡镇光后中心小学

叶维伟　江西省乐平市第十二小学

姚晓盼　山西省运城市运城中学

肖芳伟　四川省成都市西南交通大学子弟小学

陈红莉　江西省萍乡市芦溪县教研室

曹小燕　广东省中山市三乡镇光后中心小学

曾燕燕　四川省成都市双语实验学校

赖晓妍	广东省茂名市茂南区羊角镇中心学校
陈舒恩	浙江省宁波市鄞州区惠风书院
余一峻	广东省佛山市三水区实验小学
陈 岑	河南省驻马店市第二实验小学
陈锦颜	广东省佛山市三水区实验小学
赖小英	福建省宁德市蕉城区实验小学
刘一凡	福建省宁德市蕉城区实验小学
张 燕	浙江省杭州市云谷学校
吴海林	江苏省东台市实验小学
李海波	广东省湛江市雷州市东里中学
余东昊	上海市明珠小学
周欣霖	浙江省温州市蒲鞋市小学
潘 萍	云南省昆明市盘龙区东华小学
刘雪丹	江西省吉安市泰和县教育体育局
郭 玲	河南省平顶山市石龙区中心小学
罗润霞	广东省广州市增城第二中学
黄剑敏	福建省厦门市海沧延奎实验小学
潘 萍	云南省昆明市盘龙区东华小学
贺小艳	湖南省益阳市箴言中学
马 甜	山西省运城市向阳学校
张 璐	山西省运城市盐湖区红军小学

范惜珠　广东省怀集县实验小学明珠校区

马爱灵　山西省太原市杏花岭区教研科研中心

李秀英　山西省运城市明远小学

贾飞雪　山西省运城市盐湖区舜帝复旦示范小学

徐春燕　山西省临汾市御景小学

肖莎莉　湖南省长沙市岳麓区奥克斯实验小学

吕红娟　山西省运城市新教育实验学校

冯琳姣　山西省运城市盐湖区大禹学校

谭雪银　广东省肇庆市高要区蚬岗镇中心小学

王　萌　山西省运城市南风学校

陈秀丹　江苏省南京市江宁区横溪中心小学

柴　静　云南省德宏州瑞丽市民族小学

王丽丽　山西省运城市盐湖区钱学森科技小学

周娜萍　江苏省常州市武进区青少年业余体育学校

喻娟娟　深圳市南山区月亮湾小学

潘一铭　浙江省台州市路北街道中心小学

陈王芬　浙江省丽水市莲都区刘英小学

刘春华　四川省资阳市安岳县兴隆小学

黄　茜　安徽省安庆市怀宁县星拱小学

廖翠琴　广东省梅州市梅江区作新小学

目 录

第 **4** 章　蓝色闯关　《战马》与串联法

引子

放暑假了，读什么书好呢

01
怕读名著的王小歪

　　王小歪，原名王小正，鸣礼小学五（3）班的学生。他很瘦，妈妈常说他像一根细长的竹竿。他中等个子，皮肤白，眼睛大，看着你时仿佛会说话，一笑起来像个自带光芒的小太阳。

　　王小歪是学校出了名的作文高手。说起他作文进步的故事，还得归功于好伙伴书虫。这里面的故事太长太长，一下子根本说不完。你如果想知道，可以去《名家名篇里的写作密码》中寻找答案。

　　进入五年级，小歪又有了新烦恼：妈妈总是催他看名著，就是那种厚厚的、令人望而生畏的大部头，还有那种人名长得一眼看不到边的外国小说。

　　"小歪，别看这些轻飘飘的、没有营养的书了，换这本看看吧！"妈妈递给他一本《三国演义》。小歪一个劲儿摇头。

"小歪，名著是大浪淘沙后的经典，是值得你细细品读的书。你选几本好好看看吧！"妈妈语重心长地说。

"小歪，你这孩子怎么这么不听话呢！你都已经是五年级学生了，连正儿八经的中外名著都没读过一本，一天到晚就知道捧着这些乱七八糟的书！"妈妈恨铁不成钢地瞪着他。

…………

小歪的好朋友书虫，长得有些古怪——脑袋占了身体的三分之二，两只眼睛就是两个小点，一把白色的胡子直拖到地上，两只小手又短又粗。

书虫是书虫王国第 3896098 号居民，因为酷爱美食，禁不住小歪手中面包的诱惑，出现在了小歪面前，和他成了好朋友。

书虫住在书本中，他有一种特别的小纸片，别人只要含在嘴里，就会变得和他一样小。如果小歪遇到和书本有关的困难，书虫就拿出这种神奇纸片，让小歪含在嘴里，然后带着小歪走进书里，实地体验书里的场景。

当然，书虫也不是万能的。除了小歪，他不能被世界上的其他人发现。一旦被发现，书虫就会消失。

小歪对妈妈要求看的这些书实在提不起兴趣。他喜欢看的书，妈妈又看不上。于是，看书就成了躲猫猫游戏——妈妈不让买的书，他就问同学借。借来以后，妈妈不让看，他就偷偷看；家里不让看，他在学校看；白天不让看，晚上躲被窝里看。

每每这时，书虫就会发出由衷的感慨："小歪，你这哪是在看书啊，简直是在玩'地道战'！"

"你知道什么！"小歪每次都这样说，"她有张良计，我有过墙梯！等到了暑假，我就可以去乡下外婆家，到时候，我带一堆自己喜欢的书，看个痛快！"

"吹牛，你妈妈会让你带？"书虫对此深表怀疑。

"只要考试考得好，没啥条件谈不了！"小歪自信满满地说。

"能带我一起去吗？"书虫马上扬起笑脸，"乡下好吃的东西很多吧？"

"当然！带你一起去！"小歪豪爽地说，"好吃的东西可多了！外婆不管我，我想看什么书就看什么书，自由！幸福！"

"可以想吃什么就吃什么吗？"

"当然可以！"

小歪懒懒地躺着，书虫也懒懒地躺着。他们都把目光投向乡下的方向，那里，有他们无比期待的美好生活！

02

乡下，外婆家

　　盼望着，盼望着，暑假的脚步近了。

　　小歪从妈妈的书店里选了整整三大摞书，打算只要期末成绩一出来，并且达到爸爸妈妈的要求，就将它们打包好，寄到外婆家。等待发成绩单的一个星期里，他马不停蹄地写暑假作业——这样，他就可以轻轻松松地去乡下，过一个没有作业、自由自在的假期！

　　小歪的期末成绩果然如自己所料——全优！妈妈没有食言，把三大摞书寄出了，一切都如计划一样完美。

　　小歪把书虫装进自己的衣兜里，坐上了爸爸的车子。车子飞驰在去外婆家的路上，小歪只觉得路边的每一棵树、天边的每一朵云，甚至吹过脸颊的每一丝风，都是那样美好！

"小歪，到了外婆家，要听外婆的话！"爸爸开着车，妈妈则不停地念叨，"不要一个人去小溪里游泳！"

"好的！"

"不要挑食，外婆做什么饭菜，你就吃什么！"

"好的！"

"千万记住，不要去外公的书房捣乱……"

"好的！"

外公是村里为数不多的读书人。往年间，村里人写信、读信，凡是和文字有关的需求都找外公。外公特别爱看书，还专门开辟了一间书房，里面有很多书。外公特别喜欢《西游记》，常常给小歪妈妈讲里头的故事，还收集了各种版本的《西游记》。据说，有一次小歪的妈妈玩捉迷藏，躲在书房里，外公发现后大发雷霆。

不管妈妈叮嘱什么，小歪都照单全收。想到早就在乡下等着自己的那三大摞书，对于妈妈的唠叨，小歪没有一丝不耐烦。

车子停下了，外婆家到了。

"外婆，我来了！"小歪迫不及待地奔出车门。

外婆笑盈盈地迎接小歪一家人。大狗阿黄摇着大尾巴，前前后后欢快地跑着。

外婆家没有什么变化，山环水绕的小山村，竹篱瓦舍高低错落。外婆家有个小院，院子里有棵大枇杷树，小歪每次来都爱爬上爬下，如今这棵树已枝繁叶茂。树下种着许多花，凤仙花、鸡冠花、月季花、大丽菊……水灵灵的花朵朝气蓬勃。靠墙的阴凉处，摆放着外公种的兰花。刚走进小院，枇杷树上不知名的鸟儿便叫唤起来，小歪的心一下子便静了下来。

"妈，这个月我和小歪他爸都特别忙，中途可能没时间来看小歪，辛苦您和爸帮我管着他！"妈妈拉着外婆的手，有些不好意思地说。

"那敢情好，小歪在我这儿，我们也有伴儿！"外婆的脸笑成了一朵花。

"小歪，记得给我们打电话！"妈妈转过头，对小歪叮嘱道。唠叨完最后一句，妈妈终于依依不舍地和爸爸回去了。

爸爸妈妈的车子刚刚绕出第一个弯，小歪便飞奔进厨房，拿出大剪刀，跑向那三个装着书的大包裹。

"今天是个好日子，心想的事儿都能成……"小歪一边哼着不成调的曲子，一边剪开第一个包裹，一张彩色的卡片映入眼帘，只见上面写着：

没有一艘船能像一本书

［美国］狄金森

没有一艘船能像一本书

也没有一匹骏马能像

一页跳跃着的诗行那样——

把人带往远方

这渠道最穷的人也能走

不必为通行税伤神

这是何等节俭的车——

承载着人的灵魂

　　小歪顾不上细读，将卡片放在一边，飞快地剪开第二个、第三个包裹。

　　"今天是个好……日子……"歌声戛然而止！

　　小歪傻眼了！

03

被调包的书

三个大包裹里满是书！

是书，可是，不是他想看的那些书！

他伸手推开最上面的《三国演义》《西游记》，露出第二层的书——《骆驼祥子》《绿山墙的安妮》。他不死心，胡乱地将书推倒，映入眼帘的是《老人与海》《战马》……

"明明是我亲手选好的书，现在居然都不在！"

"谁能告诉我发生了什么？"小歪茫然地坐在一大堆书中间。

"肯定是妈妈寄错了！"小歪忽然想到，这些肯定是妈妈店里准备卖的书，不小心寄到了这里！

小歪赶紧给妈妈打电话。他还没说话，妈妈就先开口了："儿子啊，真不好意思，妈妈到家才发现，你选的那三大摞书没寄出去，寄给你的是店里准备卖的。"

　　果然是这样！

　　小歪松了一口气："妈妈，那你赶紧把我选的书寄来吧！店里的书，我让外婆给您寄回去！"

　　"这几天爸爸妈妈都在外面出差，店里的书不用急着寄回来。"妈妈沉吟片刻，"这样吧，你先从那些书里选一两本翻一翻，等我们出差回来，再给你寄你选的书。"

　　小歪垂头丧气地挂了电话。

　　回到房间，看着一地的书，小歪叹着气，没精打采地将它们一本一本放到书桌上。

　　书虫感觉到了小歪情绪低落，从衣兜里探出脑袋："怎么了，小歪？"

　　"唉，我想看的书，一本都没来……"小歪可怜巴巴地看着书虫。

　　书虫蹦到了书本上，来来回回地走了两圈："这些书都很不错啊！每一本都令人回味无穷，你一本喜欢的都没有？"

　　"我不喜欢看这些，我想念我的《特种兵学校》，我的历险记，我的漫画……"小歪把最后两本书放整齐，"你看看这些书，我一个五年级的孩子，看得懂吗？"

　　"当然看得懂啊，你有我呀！"书虫笑着说，"还记得我的座右铭吗？——只要你请我吃好吃的，我就陪你看好书！你只要准备好吃的，从明天开始，我陪你看这些书！"

　　小歪看着书虫满脸自信的模样，迟疑地点了点头。

第 1 章

书海世界的闯关邀约

01

绿石头现身

　　"书虫，我带你去参观一下乡村风光！"天刚蒙蒙亮，小歪便扯着书虫的长胡子，催他起床。

　　"别吵，我要睡觉！"书虫翻了个身，嘟囔着往书里头钻了钻，可他的长胡子还在小歪手上，这一动，扯得他生疼。

　　小歪将书虫拎起来，塞到上衣口袋里："你在这里睡个回笼觉，等到了地方，我再叫醒你！"

　　外婆正在做早饭，大公鸡正扯着喉咙唱歌。"外婆，我出去玩一会儿！"小歪冲着厨房喊了一声，没听到外婆的回答，便奔出院门。

　　大大小小的石头铺成的小路很平整，上面零星散落着各种颜色的小花。错落有致的农家屋舍上空，飘起了袅袅炊烟，它们像一群等待撒欢的孩子一般，从各家各户的瓦缝里、烟囱里、窗户里奔涌而出，一到半空，就纠缠到一起，欢笑着向远处飞去。

小歪可顾不上这些，他的目标是小溪，那条欢唱的小溪！

"书虫，书虫，到了！"小歪摇了摇书虫。

书虫揉着迷迷糊糊的睡眼，通过上衣口袋朝外望：雾蒙蒙的世界，哗啦啦的水声，有什么特别的！

"别吵我睡觉，不然，我和你绝交！"书虫恶狠狠地威胁小歪，闭上眼继续睡觉。

小歪不再管书虫，他的目光被周围的一切吸引住了——这里和城市完全不一样！溪水从大山里流出，顺斜坡而下，汇成一个天然的深潭。两边是丛生的树木，还有几块不规则的用石头围起来的菜地，里面种着各种蔬菜：小白菜绿油油的，辣椒红艳艳的，豇豆细溜溜的。宽大的南瓜叶下，藏着嫩嫩的小南瓜。几个调皮的老南瓜露着金黄的肚皮，恣意地躺着。小溪中间有一排搭石，大小不一，间距均匀。太阳从山头爬上来，射出耀眼的光芒，雾气散去，微风吹得满山的竹子沙沙作响……好一个世外桃源！

一块石头引起了小歪的注意。绿，很纯粹的绿，在众多混杂的石头中，显得那么与众不同。

　　小歪脱下鞋子，踩进水里——透心凉，好舒服！他弯腰去捡绿石头，水面荡起一圈圈波纹，再透过水面看水底，石头似乎也都荡起了波纹，真好玩！

　　"小歪，回家吃早饭！"外婆的声音从远处传来。

　　"来啦！"小歪捡起蓝石头，塞进裤兜，往外婆家跑去。

02

捡回七彩石

　　早餐很丰盛。外婆忙着喂鸡喂鸭，外公去菜园子里忙碌了，小歪一个人坐在餐桌旁。

　　"好香啊！"一个小脑袋从小歪的衣兜里探出来，"鸡蛋饼的味道！"

　　小歪把最后一个鸡蛋饼夹到碗里，狠狠地咬了一大口。

　　"你……你……你……"书虫手忙脚乱地从口袋里出来，来到桌子上，"太过分了，怎么不给我留一个？"

　　"你爱吃的是甜食，这个不适合你！"小歪又吃了一大口鸡蛋饼，一脸陶醉地说，"太美味了！"

　　书虫咽了咽口水："撕一点给我吧，拜托！"

　　看着书虫垂涎欲滴的样子，小歪忍不住笑了："厨房里还有呢，我去给你拿！"

小歪把裤兜里的绿石头拿出来放在桌子上，跑进了厨房。当他端着鸡蛋饼回来时，书虫正坐在绿石头上，惬意地捋着长胡子："这石头不错，你从哪儿找来的？"

"小溪里！"小歪一屁股坐下，继续吃早餐。

"它看起来像被打磨过，不像天然的溪石。"书虫咬了一口鸡蛋饼，"太好吃了，我要吃两个！"

小歪一边给书虫夹鸡蛋饼，一边说："溪水打磨的呗，小溪里到处都是石头，没人在乎，谁会花时间去专门打磨一块石头啊！"

书虫已经没时间管石头了，他的全部心思都在鸡蛋饼上。半晌，他满足地打了个饱嗝："小歪，你投我以美味鸡蛋饼，我报你以书海遨游，怎么样？"

"可别！"小歪毫不犹豫地拒绝，"与其让我读那些大部头，还不如让我去小溪探险呢！"

"小溪也不能玩一整天啊！"书虫说，"湿答答的，有什么好玩的？"

"这你就不懂了！"小歪笑着说，"你不想去的话，就在家里睡大觉，我去玩儿。"

"不去，不去，我到书里度假去！"书虫说着，又慢吞吞地回到小歪的口袋里。

整个上午，小歪都没有回来过。小溪里有很多螃蟹，小歪抓得停不下来。

午饭时间到了，在外婆的再三呼唤下，小歪才抱着满满一盆螃蟹，慢悠悠地回来了。

"外婆，这条小溪有名字吗？"扒了一口饭，小歪好奇地问。

"小溪能有什么名字啊！"外婆往小歪碗里夹了一个大鸡腿。

"我觉得它可以叫七彩溪。"小歪的嘴里塞满了米饭，他嘟嘟囔囔，"我今天捡到了很多彩色的石头。"

"慢点吃，吃完再说。"外婆笑眯眯地看着小歪，"石头到处都是，你要是喜欢，天天都可以去捡。"

"不是，这些石头是彩色的！"小歪说着，忙去掏口袋。

"好了，好了，我可不想看石头。你都放房间里去吧，不然，我准把它们当垃圾扔掉！"外婆说着，又往小歪碗里夹了一块鸡肉。

吃过午饭，小歪给书虫送饭。

"给你看我捡的石头。"小歪说着，从口袋里掏出几块圆溜溜的石头——红色的、黄色的、蓝色的……

"还真的挺特别的！"书虫说，"颜色都这么纯正，一看就让人想起……"

"想起什么？"小歪好奇地看着书虫。

"想起彩色的马卡龙，甜甜的，一口一个！"书虫满脸向往。

"什么呀，真是个'吃货'！"小歪失望地将各种颜色的石头放在书桌上，"等回家的时候，我要把这些石头都带回去，做成工艺品，一定很漂亮！"

"对了，下午要带你看书吗？"书虫旧事重提，"你懂的，只要你准备好美食，我就带你去书海遨游！"

"不要，我先睡个午觉，下午再去别的地方探险。"小歪说着，躺倒在软软的床上。

03

梦入书海世界

迷迷糊糊中，小歪看见一个彩色的世界，这里到处都是石头，大的、小的、圆的、椭圆的、红的、绿的……他兴奋地跑过去："哈哈，和我捡的石头一个样！"

前面似乎有一扇大门，恍惚间小歪觉得自己正站在水里朝水底看，波纹一圈一圈地荡开。他定睛细看，只见上面依稀写着"迷宫"两个字。

"闯迷宫我最拿手！"小歪说，"我要进去玩！"

话音刚落，波纹漾得更厉害，小歪的面前出现了一条彩色的石子路，路的中间闪烁着一首诗：

没有一艘船能像一本书

[美国] 狄金森

没有一艘船能像一本书

也没有一匹骏马能像

一页跳跃着的诗行那样——

把人带往远方

这渠道最穷的人也能走

不必为通行税伤神

这是何等节俭的车——

承载着人的灵魂

"哈哈，和那张卡片上的诗一模一样！"小歪兴奋地念起诗来。

"欢迎来到色彩斑斓的书海世界，你是光临此处的第1098749376位游客。"小歪刚念完，一个洪亮的声音响起。

"书海世界？"小歪新奇地看着面前彩色的石子路，"为什么我可以进来？"

"因为你发现了水底的彩色石头。"洪亮的声音回答。

"我真是个幸运儿！"小歪激动地踏上了彩色石子路。

彩色石子路歪歪扭扭，小歪一会儿上坡，一会儿下坡，发现四周都一个样，根本找不到出口。没过多久，小歪就累得气喘吁吁。

"可恶，这迷宫里怎么没有一点线索！"小歪一屁股坐在一块绿色的石头上。

"启动绿色闯关！"洪亮的声音再次响起，吓了小歪一跳，"本次闯关一共十题，闯关成功便可获得特殊奖励。"

听到"奖励"，小歪顿时蠢蠢欲动。

"绿色闯关和这样一本书有关，它自出版迄今已经100多年，被翻译成50多种语言，总发行量达到5000多万册，书名包含'绿'字，讲述了一个女孩成长的故事。你确定要开始闯关吗？"洪亮的声音刚落，小歪的眼前便出现一个玻璃界面，上面写着：

开始闯关
是 否

小歪还没从惊讶中回过神来，只觉得脑袋空空如也：这是什么书？我这样冒冒失失地闯进去，万一出不来怎么办？

　　"请问……"小歪低声问，"我可以下次再来闯关吗？"

　　"可以，请你设定闯关时间！"眼前的界面变了，变成了一个时光轴。

　　"就定在……下周吧！"小歪想了想，在时光轴上设定了时间。

　　眼前五彩缤纷的路消失了，波纹荡漾的感觉也随之消失了。小歪揉了揉眼睛，眼前只有那条小溪。

第 2 章

绿色闯关
《绿山墙的安妮》与猜读法

01

锁定图书

"太神奇了！"小歪忍不住感叹。

"什么东西神奇？"书虫推了推小歪。小歪睁开眼，才发现刚才做了一场梦。

"真的只是梦吗？"小歪若有所思地看着桌子上彩色的石头，"为什么感觉那么真实呢？"

"你在嘀咕什么呢？"书虫一脸疑惑。

"书虫，你知道这样一本书吗？它自出版迄今已经100多年，被翻译成50多种语言，总发行量达到5000多万册，书名包含'绿'字，讲述了一个女孩成长的故事。"小歪回想着梦中的一切。

"问这个干什么？"书虫疑惑地看了看小歪，"我得查查才知道。"

"那你赶紧帮我查！"小歪一下子激动起来。

书虫的胡子飘动起来，长长的胡子向四周散开，像闪动的光波。不一会儿，他便告诉小歪："查到了，是《绿山墙的安妮》。"

小歪迫不及待地跑到书桌旁，在书堆中仔细翻找着："找到了，哈哈，我要看这本书！"

书虫瞪大了眼睛："你不是说下午不看书，要继续玩吗？"

"我改主意了！"小歪说，"书虫，你说过只要我请你吃好吃的，你就要陪我看这些书，可不许食言！"

"一言既出，驷马难追！"说完书虫又一脸疑惑地看着小歪，"只是你这主意改得有点快，是有什么特殊原因吗？"

"这个……以后再告诉你！"小歪说着，打开书认真地读了起来。

02

书虫提问小歪猜

很快，小歪读完了第一章，他叹了口气："书虫，你看这些名字——蕾切尔·林德太太、马修·卡斯博特，太长了，我一看到这些长长的名字就头晕。"

"蕾切尔·林德太太，可以简称林德太太；马修·卡斯博特，可以简称马修。也就是说，遇见长长的名字，可以用自己的方法将它们变短，只要自己清楚哪个名字指的是谁就可以了。"书虫笑眯眯地说。

"这方法不错！"小歪说着，继续看第二章。

读着读着，小歪忽然哈哈大笑起来："安妮长得也太丑了吧！"

"她长什么样子？"书虫问。

"你看，长着雀斑，还是红头发！"小歪一边撇了撇嘴，一边指着书上的文字。

"你可以猜猜看，安妮最讨厌自己身体的哪一部分？"书虫说。

"雀斑，肯定是雀斑，没有哪个女孩喜欢自己长雀斑！"小歪自信地回答。

"那可不一定。"书虫笑得很神秘，"不信，你到书中找找答案。"

这下，小歪来了兴致，他的眼睛变成了扫描仪，在字里行间搜索。

"找到了，找到了，是头发！"小歪用手指着书上的文字，"她想要一头黑亮美丽的头发，如乌鸦的羽毛那般的黑发！"

"不错，不错！"书虫捋捋胡子，"那你再猜猜，安妮为什么会讨厌她的红头发呢？"

"是因为红头发太鲜艳？红头发让她和别人不一样、被别人排挤？红头发背后有令她伤心的故事？"小歪猜测着。

"别看我，我可不告诉你，你自己到书里找答案吧！"书虫捋着长胡子，惬意地说。

小歪只好继续埋头看书，不一会儿，他大叫起来："我知道了，因为她长着红头发，所以常常遭遇嘲讽。你看，林德太太第一次看见安妮的时候，是这样说的——

怎么这么丑啊，而且还骨瘦如柴。天哪，看看，怎么这么多雀斑，头发又红得像胡萝卜似的。

"那你再猜猜，面对林德太太的嘲笑，安妮会怎么做？"书虫继续提问。

"估计会很生气、会大声哭泣吧！"小歪揣测着，又埋头寻找答案。

"安妮真是一个暴脾气的女孩。"小歪一边读着书里的内容，一边感慨，"你看！"

书虫点点头："是啊，安妮的确很冲动，她自尊心很强，容不得林德太太嘲讽。"

"妈妈告诉我，冲动容易误事。安妮有这样的暴脾气，一定闯了很多祸吧？"小歪说。

"你可以猜一猜啊！"书虫笑着回答，"有一种读书方法，叫猜读法。读了书里的一部分内容，在心里做一些猜测，猜测后面的故事会怎样发展，再继续阅读。这样，读的过程就变成了验证自己的猜测的过程，看书就会变得像探险一样有意思。"

"听起来很好玩！"小歪笑着说，"那我继续在书中'探险'。"

书虫看着小歪，眼神里写满鼓励与期待。

"安妮的脾气这么差，收养她的马修和玛丽拉一定很不喜欢她。江山易改，本性难移。她长大以后，脾气依然火暴，所以做事情都做不好，常常挨骂，最后成了一个很糟糕的人。"小歪想了想，接着说，"可是，为什么要用一本书来写一个糟糕的人呢？可能我的猜测是错的吧。"

"做出错的猜测也没有关系，你的猜测建立在你现在的阅读内容之上，这样的猜测很合理啊。"书虫从书上坐了起来，"等读完这本书，你就能找到答案。"

"我真想马上知道结果。"小歪调皮地将书往后翻。书虫赶紧从书上站起来，还没来得及制止，小歪就已经翻到了最后。

"天哪，脾气这样差的安妮，居然以第一名的成绩考上了女王学院，不可思议！"小歪惊讶地看着《绿山墙的安妮》。

书虫松了口气，坐了下去："知道结果也好，你可以继续猜测：安妮为什么可以变得这么优秀？是有人帮了她吗？是她自己顿悟了吗？……"

"这样猜着读，真好玩！"小歪由衷地感慨，"我现在已经迫不及待地想知道答案了！"

"那你就好好地阅读吧，我去睡个回笼觉。"书虫说着，直接躺在书上。

"就知道睡觉！"小歪瞪了书虫一眼，"小心变成胖虫！"

"来乡下不就是度假的吗？"书虫嘟囔了一句，屋里很快便响起了鼾声。

小歪捧起《绿山墙的安妮》，坐在书桌旁，继续寻找答案。

窗边的风轻柔地吹着，阳光穿过树叶的缝隙，洒落在地上，一切都很美好。小歪第一次觉得，外国名著也没有想象中的那么难以接受，相反，它和自己曾经爱读的书一样，充满了魅力。

03

"安妮言行"闯关

　　小歪花了三天时间就啃完了《绿山墙的安妮》，他迫不及待地想进入书海世界闯关。可是，那个神奇的梦却再也没有降临。

　　午后，小歪坐在那堆彩色的石头旁，将它们一块一块拿起来端详："彩色石头啊彩色石头，如果你们真的是打开书海世界大门的钥匙，那么能不能传个信，告诉它我准备好了，想提前闯关？"

　　彩色石头们静默着，没有丝毫反应。小歪叹了口气，悻悻地将它们放好，回到床上睡午觉。

　　迷迷糊糊中，小歪的眼前又出现了那条彩色的石子路，波纹荡漾的感觉再次将他环绕，那个洪亮的声音又一次在他耳畔响起："孩子，你真的准备好闯关了吗？"

小歪点点头，自信地回答："我准备好了！"

绿色的石头不断地变大，再变大，小歪的眼前出现了一个美丽的山谷——

地上长满了青葱茂密的三叶草，它们顺着斜坡蔓延到山谷深处。山谷里小溪潺潺，许多修长的树木拔地而起，林间草地上还分布着许多羊齿类、苔藓类植物。山谷那边有一座小山丘，上面长着枝叶轻柔碧绿的不知名的树木。透过林间缝隙，一个小湖正闪着波光，湖对岸是一座小房子。

"孩子，请听题！"一个声音传来，"绿色闯关和一本书有关，这本书自出版迄今已经 100 多年，被翻译成 50 多种语言，总发行量达到 5000 多万册，书名包含'绿'字，它讲述了一个女孩成长的故事。你知道这本书的名字吗？"

"《绿山墙的安妮》！"小歪大声回答。

随着小歪的回答，他眼前的山谷发生了变化，对岸的小房子似乎离他近了一些。

没等小歪仔细观察，那个声音又响了起来："回答正确！你可以往前走，选择任意一块你喜欢的石头，每块绿色的石头背后都有一个新的题目，答对十题，你就能闯关成功！"

小歪兴奋地向前奔跑，他踩在松软的草地上，三叶草仿佛向他露出笑脸。他没有停下脚步，一口气来到闪着光的小湖旁。湖水很蓝，湖面很静，湖岸边有一块巨大的绿石头，莹莹地闪着光。

小歪有点儿累了，他坐在了绿石头上。忽然，奇怪的事儿发生了，绿石头下面长出一个画板，画板越来越长，不断往上升，一直升到小歪面前才停下。

小歪吃惊地看着眼前的一幕。他把目光转向画板，才发现上面是他要回答的第二题：

面对林德太太的嘲讽，安妮有怎样的反应？

哈哈，这道题太简单了！小歪毫不犹豫地回答："安妮恼羞成怒了呗！"

画板上的题目开始变化，变成了一大段话：

仔细读这个片段，你从哪里感受到了安妮的愤怒？

　　安妮一个箭步穿过厨房，来到林德太太的面前，小脸气得通红，嘴唇直哆嗦，瘦小的身体从头到脚不停地颤抖着。

　　"我恨你！"安妮一边哭泣哽咽着喊道，一边用脚踩着地板，"我恨你——恨你——我恨你！"每一句仇恨的断言后面就紧跟着一记更响亮的踩脚声。"你怎么敢嘲笑我骨瘦如柴，怎么敢嘲笑我满脸雀斑和一头红发，我真没见过你这种粗暴无礼、毫无感情的女人！"

　　"安妮！"玛丽拉连忙惊恐万状地阻止她。

　　可是安妮却依然昂着头，瞪着喷火一样的眼睛，紧握着双拳，毫不畏惧地面对着林德太太。

　　"你竟然那么笑我，挖苦我，你怎么敢那么做？"安妮怒不可遏地重复道，"要是别人说你'又矮又胖，很可能没有一点头脑'，你受得了吗？如果这么说会伤害你的感情，那我，那我才不在乎呢！我就是要伤害你的感情！你是这样地伤害了我，比任何一次都严重！我绝不会饶恕你！永远！永远！"

　　踩脚！踩脚！

　　小歪认真地读了两遍："我知道，从安妮的动作——

哭泣、哽咽、跺脚、紧握着双拳、昂着头可以看出她的愤怒，从安妮的 神态——小脸气得通红、喷火一样的眼睛可以看出她的愤怒，从安妮的 语言 里也能感觉到她的愤怒。"

画板上出现了三个字："还有呢？"

小歪又仔细地读了两遍："从 不断重复的话语——我恨你、我恨你，不断重复的动作——'跺脚！跺脚！'也能看出安妮的愤怒。"

画板上出现了一个代表胜利的标志。

紧接着，画板上出现了两颗绿色的星星：第一颗星星下面写着"继续回答第三题"，第二颗星星下面写着"超难题——可直接跳到第十题"。

是按部就班地回答第三题，还是直接挑战终点站题目？小歪看着面前的画板，犹豫不决。

"我想知道闯关成功后有什么奖励！"小歪想着，选择了超难题，他眼前的字又发生了改变：

想象安妮被同学吉尔伯特嘲笑时的表现，用上刻画动作、神态、语言的句子，以及不断重复的动作、语言来描述。准备时间：三分钟。

只有三分钟！小歪有点着急，他马上调整好自己的心态，认真地思考起来："要和书中一样吗？可是书中怎么写的，我一个字都想不起来了！"

来不及了，小歪决定按照自己的想法写，他深吸一口气，静下心来整理思路。

三分钟时间到了，小歪面前出现了一块超级大的写字板，他拿起边上的笔，在写字板上写了起来：

吉尔伯特的声音惊醒了安妮，她眼前没有了"闪光的小湖"，耳畔却回荡着刺耳的"红发鬼！红发鬼！"。安妮脸涨得通红，眼睛里迸射出愤怒的火花。她从位子上站了起来，瞪着吉尔伯特，大声吼道："凭什么说我是红发鬼！凭什么！"不等吉尔伯特回答，她继续说："像你这样嘲笑别人的人，长着棕色头发又怎样，在我看来就是混蛋！混蛋！大混蛋！"安妮的眼睛里滚动着晶莹的泪花，她努力不让它们流出来。忽然，她推开吓傻了的吉尔伯特，朝门外跑去。

不知从哪里传来了掌声，湖对岸的小房子出现在了小歪面前，门敞开着，似乎在邀请小歪进去。

小歪毫不犹豫地走了进去。

天哪，是绿山墙！小歪来到了真实的绿山墙的世界！

他看见安妮孤零零地站在火车站，看见安妮不小心将自己的头发染成了绿色，看见安妮在教堂捣乱，看见马修和玛丽拉给安妮买了新衣服，看见安妮拼了命地学习……小歪就像一位群众演员，在安妮的故事里完整地走了一遍。

"太有意思了，我真想永远待在这里！"小歪由衷地感慨。

一张绿色卡牌出现在小歪的手中，洪亮的声音再次响起："亲爱的孩子，恭喜你闯关成功！这是绿色世界的通行证，如果你想重温绿山墙的美好，可以将绿色卡牌放在绿色的石头旁边，我们会去接你！"

小歪赶紧将绿色卡牌放到了口袋里。

"如果你能集齐七种颜色的卡牌，你将获得一个神秘的大奖。这么多年来，无数游客从这里经过，集齐卡牌的人少之又少。亲爱的孩子，祝你成功！"

"都有哪些颜色呢？"小歪好奇地问。

"你见过彩虹吧，就是像彩虹那样绚烂的颜色。"洪亮的声音说完，便消失了。

"彩虹的颜色，红橙黄绿青蓝紫？"小歪掏出口袋里的绿色卡牌，"那就还剩六种颜色的卡牌了！集齐它们听起来不难啊，神秘大奖一定会是我的！"小歪无限神往地

笑着，"一定会是我的！"

　　小歪笑着笑着，忽然从床上滚了下来。他一骨碌从地上爬起，用最快的速度伸手摸了摸口袋——哈哈，真的有张绿色的卡牌，一切都是真的！

第 3 章

表妹驾到

01

初见唐小诗

清晨的山村，从"喔喔喔"的鸡鸣中醒来。

大黄在院子里撒欢的时候，小歪起床了。他打开院门，大黄摇着尾巴，兴高采烈地冲了出去。

外婆起得很早，厨房里早已香气四溢。"小歪，吃过早饭，先别出去玩，你表妹小诗要来。"

小诗？唐小诗！小歪的脑海中冒出一个长着一对虎牙的小姑娘，她双手叉着腰，说起话来像机关枪发射子弹一样又快又急。他问道："小诗也来这里过暑假吗？"

"是啊，听说你在这儿，她就想来了。你俩正好有个伴儿！"外婆笑眯眯地说，"待会儿你去路口接她吧。"

"她一个人来？"小歪有些吃惊。

"是啊，"外婆说，"小诗很能干，什么事情都能自己做。"

"这有什么，我也可以啊！"小歪一边嘟囔，一边将早餐端到桌子上。

吃过早饭，小歪到路口等小诗。

夏天的清晨，阳光还没来得及释放所有的热情。道路两旁种着绿油油的玉米，葱郁的叶子在阳光的照射下闪烁着莹莹的亮光。旁边的地上是爬藤的番薯，番薯的叶子长得极好，挨挨挤挤的，好不热闹！身旁是绿茵茵的野草，其间开满了各色的小花。小歪的目光被一株淡蓝色的小花吸引了，它蓝得那么纯粹，让人看了忍不住心生喜爱。

小歪正想上前看个究竟。"嘎吱"，一辆中巴车停在了小歪面前，一个扎着马尾的小姑娘从车上蹦跳着下来，背着一个大大的书包。

"小诗！"小歪招呼着，接过她的书包。

"哥哥！"小诗咧开嘴笑了，露出两颗好看的小虎牙。

外婆已经整理好了小诗住的房间，就在小歪房间隔壁。小歪看着小诗整理自己的东西，动作娴熟，有条不紊。

"咦，这是什么？"小歪被书包里的一本书吸引了，"特种兵，哈哈，小诗，你也喜欢看这类书？"

小诗飞快地抢过小歪手中的书："这是我坐车来的时候，坐在我旁边的一个男孩不小心落下的，我得还给他呢！"

　　"你又不认识他。再说，难道他还会为了这么一本书，坐中巴车回来找？"小歪把书抢过去，"借给我看吧，我正好没有书看。"

　　"不行！"小诗坚决地说，"这不是我的东西，我不能借给你看。"

　　"小气！"小歪不高兴了，"我偏要看！"

　　书在小歪和小诗的手中来回折腾，"哧"的一声，书破了，封面可怜兮兮地离开了书本。

　　"你！"小诗生气了，她的眼睛瞪得滴溜儿圆。如果目光可以伤人，小歪早已千疮百孔。

　　"对……对不起。"小歪也愣住了，他只是想看书，可从没想过把书撕破啊。

　　"哼，你出去！你出去！"小诗将小歪从房间里推了出去。

02

尽力弥补

小歪沮丧地回到自己房间，想到刚才发生的一切，他有点儿后悔。

书已经撕破了，后悔又有什么用呢！小歪忽然想到在妈妈的书店里，自己打包好的三大摞书里有一本一模一样的"特种兵"。"赔她一本一样的，她就不会那么生气了吧！"小歪想着，用外婆的手机拨通了妈妈的电话。

小歪一遍一遍地打，就是没人接电话。

小歪又给爸爸打电话，还是没人接。

一直到晚上，爸爸妈妈的电话都还是没有打通。吃晚饭的时候，小诗扭着头，看都不看小歪一眼，这让小歪无比郁闷。

"外婆，爸爸妈妈的电话一直打不通！"小歪对外婆说。

"你有急事？"外婆问。

"嗯……也……也不算急。"小歪支吾着。

"电话打不通，那就用微信发个消息吧。"外婆说，"等他们不忙了，就会回复你的。"

小歪看了看小诗，她正埋头吃饭，丝毫没有和自己说话的意思。

小歪叹了口气，借了外婆的手机，回到房间，开始编辑微信消息：

爸爸妈妈，到外婆家已经快一个星期了，我一切都好，你们别担心。

爸爸妈妈，我给你们发消息，是有一件重要的事情想要拜托你们——尽快把我打包好的三大摞书寄来，好吗？

今天发生了一件不愉快的事情。早上，小诗来了，一开始，我们有说有笑。她整理东西的时候，我看到了一本"特种兵"，便想让她借给我看看。可她说那本书是她从车上捡的，要还给人家，硬是不肯借给我。我们抢了起来，后来……书被撕破了。

我挺后悔的，特别是看到小诗那么生气，我就很愧疚。我向她道歉，可她看都不看我一眼。

　　爸爸妈妈，小诗也要在这里过一整个暑假，我们第一天就闹得不高兴，这样真不好。那三大摞书里有一本一模一样的"特种兵"，我想赔给她，这样她就不会不高兴了。

　　爸爸妈妈，看见消息后记得一定给我打电话，然后把书寄来。

　　发完消息，小歪把手机还给了外婆。回到房间，小歪越想心里越不是滋味。他拿起《绿山墙的安妮》，走到小诗房间门口，轻轻地敲门。

03

小诗拿走绿石头

"谁啊？"小诗的声音从里边传出来。

小歪生怕她不开门，便一声不出。

脚步声越来越近，门开了。

不等小诗说话，小歪将《绿山墙的安妮》递了过去："以书赔书，我弄坏了你的书，先赔一本给你。"

小诗没好气地说："又不是同样的书，有这样赔的吗？"

"我会让爸爸妈妈寄一本一模一样的来，小诗，是我错了，你就别生气了！"小歪哀求道。

"算了，算了。"小诗摆摆手，"书你带回去吧，我不生气了。"

小歪马上套近乎："小诗，这里可好玩了，特别是小溪，小溪里有很特别的石头……"

"石头有什么特别的！"小诗不屑一顾地说。

"是真的，你别不信。"小歪跑回房间，从窗台上拿起一块绿色的石头，又飞快地跑进小诗房间，"你看，这石头，绿得像宝石，特别吧？"

"哇，真漂亮！"小诗接过石头，翻来覆去地看，"我还没见过这么漂亮的石头呢！"

小歪得意极了。

"作为道歉礼物，你把这块石头送给我吧！"小诗把石头藏到了身后。

"这……这个不行。"小歪急了，"明天我带你到小溪里去，你自己找吧，这样的石头小溪里有很多。"

"哼，小气鬼！"小诗气呼呼地说，"一块石头都舍不得！"

"明天早上我带你去捡还不行吗！"见小诗又生气了，小歪急了，"小溪里除了绿色的石头，还有红色的、黄色的、蓝色的……你想捡什么样的，就捡什么样的。"

"怎么可能！"小诗瞪大了眼睛，"这里的小溪我去过很多次，从没有看见过你说的那种石头！"

"怎么不可能，我都捡到这些颜色的石头了！"小歪信誓旦旦地说。

"就算你说的是真的吧！"小诗想了想，"这块绿石头先放在我这儿，等明天捡到这样的石头了，我再还给你。"

小诗说着，将小歪往门口推："我要睡觉了，你出去吧！"

"那……那你一定要把这块石头放好，千万别弄丢了！"小歪不放心地看着小诗和她手中的绿石头。

"一块石头，你看得和宝贝一样，难道还会有小偷来偷不成！"小诗笑着打趣，关上了房门。

回到房间，小歪坐立不安，在书桌前来回踱步。窗台上，剩下的石头安静地躺着。小歪看着它们，它们似乎也在看着他。

小歪停下脚步，拿起一块石头，喃喃地说："彩色石头啊彩色石头，打开书海世界大门的钥匙，能不能传个信？我想去迷宫。"

小歪像往常一样躺在床上，等待着波纹荡漾的感觉出现。可等待良久，什么都没有发生。他不死心，又一次从床上起来，拿起一块石头，念念有词："彩色石头啊彩色石头，打开书海世界大门的钥匙，能不能传个信？我想去迷宫。"

彩色的路没有出现，什么变化都没有出现。

"天哪，我为什么要把绿色的石头给小诗看啊！"小歪懊恼不已，"现在好了，失去了它，我都无法进入书海世界了！"

无数次的辗转反侧后，小歪下定决心："明天我要起个大早，给小诗找一块绿色的石头，把我的那块换回来！"

04

彩色石头去哪儿了

"哥哥，哥哥，起床！"叫声惊醒了沉睡的小歪，他一骨碌从床上坐起来，愣了好几秒才反应过来，那是小诗的声音。

昨天发生的一切像放电影一样在他的眼前掠过。小歪飞快地套上衣服，看了一眼在书本中酣睡的书虫，打开了房门。

"哥哥，哥哥，我们去小溪里找石头。"

"我的那块呢？先还给我！"

"喏！"小诗从口袋里掏出绿色的石头，"还给你吧，小气鬼！"

小歪正要伸手去拿，小诗又把石头放回了口袋里："哈哈，偏不给你！说好的，你带我捡到差不多的，我再还给你！"

小歪瞪了小诗一眼，一脸无奈："那走吧，我们出发！"

外婆家小院的篱笆是用形状各异的木头扎成的。木头粗细各异，间距也不同，其中的两根木头，在这个新岗位上扎了根，抽出了嫩芽，长出了绿叶，一派欣欣向荣的景象。外婆家的鸡群正在觅食，小鸡们个子娇小，在篱笆间钻进钻出；骄傲的大公鸡不时伸长脖子，与隔壁的公鸡们你呼我应。

小歪带着小诗走出院子，对正在做早饭的外婆说道："我们去小溪边玩一会儿。"不待外婆回应，他们便跑得不见了踪影。

小溪像往常一样静谧。

小歪指了指小溪中心："我的石头就是在那里捡的，你去找找看吧！"

小诗脱下凉鞋，走进小溪中。溪水有点凉，她皱了皱眉头："哥哥，你确定这里有？"

小歪点点头。

小诗不再说话，她低下脑袋，待脚边一圈一圈荡漾的涟漪稳定下来，低头仔细寻找彩色的石头。良久，她直起身子，气呼呼地瞪着小歪："坏哥哥，骗人！哪有什么彩色的石头！"

"有，怎么可能没有！"小歪一脸自信，"你仔细找找。"

见小歪的神情不像骗人，小诗将信将疑地再次埋头寻找。

半晌，小诗再次抬起脑袋："哥哥，这里根本没有你说的彩色石头，你这些石头是你从城里带来的吧！"

小歪难以置信，他脱了鞋子，走进小溪中："不可能，上次我捡到这块石头的时候，旁边分明还有好多这种彩色的石头。"他一边说着，一边低头寻找。溪水清凌凌的，每块石头上的斑纹都能看得清清楚楚，可是，就是不见彩色石头的踪影。

"你不仅小气，还会骗人！"小诗生气地将绿石头扔到小歪旁边，"臭石头还给你，我再也不理你了！"

说完，小诗穿上鞋子，跑回家去了。

小歪依然难以置信，他不死心地在小溪中转了两圈，甚至用吃奶的力气翻开两块巨大的石头，依然一无所获。捡起小诗扔到水里的绿石头，小歪心烦意乱。

05

赢一套彩色石头

回到外婆家，外公外婆正在吃早饭。见小歪进来，外婆笑眯眯地说："回来了？去，叫小诗下来吃早饭。"

小歪拖着脚步上楼，将绿色的石头放在窗台上，又挪动脚步，去敲小诗的房门："小诗，小诗，吃早饭。"

房间里没有一点声音。

小歪只好灰溜溜地下楼。

"小歪！"外公叫道，"刚才我看见小诗眼圈红红的，你欺负她了？"

"没……没有！"小歪支支吾吾。

"发生什么事情了？"外婆问。

"她想要彩色的石头……小溪里没有了。"小歪说，"我只有一套……"

"你是男孩子，"外公打断了小歪的话，"几块石头都舍不得吗？男子汉，心胸要宽广一些，石头嘛，小溪里很多不是吗？"

"这些石头……这些石头不一样……"小歪不知道怎么和外公外婆解释。

"再不一样也还是石头啊，哪有妹妹重要？"外公再次打断小歪的话，"你仔细想想，是不是这样？"

一顿早饭，小歪吃得很不是滋味。

回到房间，小歪一屁股坐在书桌旁，看着窗台上彩色的石头："彩色的石头，彩色的石头，请告诉我，我该怎么办？"

也许是起得太早的缘故，小歪想着想着，便趴在书桌上睡着了。

迷迷糊糊中，小歪又看见和上回一模一样的彩色世界，到处都是石头，大的、小的、圆的、椭圆的、红的、绿的……波纹荡得厉害，小歪的面前出现了一条彩色的路，它延伸向远方。远方有一扇熟悉的大门，他知道，上面写着"迷宫"两个字。

小歪兴冲冲地走上前去："请告诉我，哪里可以找到彩色的石头？"

"为什么要找彩色的石头？"熟悉的洪亮的声音在他

耳畔响起。

"因为……因为我想送给我的妹妹。"小歪有些不好意思，"我知道这个要求有点冒昧，可是，她真的非常喜欢彩色的石头。"

"想要彩色的石头也不是不行。"沉默了片刻，洪亮的声音再次响起。

"太好了！"小歪惊喜而急切，"有什么要求吗？"

"我可以为你设定一次特殊的闯关任务！"洪亮的声音说，"奖品就是一套彩色的石头，如果你闯关成功，就可以带着彩色的石头回家。"

"如果闯关不成功呢？"小歪问。

"你原来的那一套石头将失去钥匙的功能，你将不能再来到书海世界。"

"这么可怕！"小歪沉思良久，"闯关内容还是和书有关？"

"是的，书由你随机选择！"洪亮的声音停了停，"你愿意接受这次特殊的闯关任务吗？"

小歪想起小诗流着眼泪说他"小气鬼"的模样，想起爷爷说的"男子汉，心胸要宽广一些"，咬了咬牙："我接受！"

话音刚落，小歪眼前出现了一个巨大的屏幕，屏幕中不停跳动着各种书的封面。这些封面跳动得极快，霎时间，小歪眼花缭乱。

"你想好了，就说'停'！"洪亮的声音再次响起。

小歪闭上眼睛，大声喊："停！"

大屏幕定格在一个枣红色的封面上，封面中有一匹眼神温柔的马，它扬着前蹄，似乎在向前奔驰。封面的左上角，写着"战马"两个字。

"好，你选中挑战的书是《战马》，闯关时间是一个星期之后，到时候我们再见！"洪亮的声音渐渐远去。

第 4 章

蓝色闯关
《战马》与串联法

01
复杂的人名

"小歪，小歪！"小歪觉得脸上痒痒的，仿佛有东西在上面来回移动。他伸出手，一巴掌拍了下去。

只听见一声哀号，小歪一骨碌坐了起来——是书虫！

"小歪，你做噩梦了？"书虫揉着被拍扁的屁股，眼泪汪汪地看着小歪。

"没……没有，我以为是蚊子呢！"小歪不好意思地说。

"你刚才大声喊'停'，把我吵醒了！"书虫说，"发生什么事了？"

"可能是做梦了吧，不过做了什么梦，我都忘记了。"小歪赶紧转移话题，"我去给你拿些早餐吧。"

一听到有好吃的，书虫顿时忘了一切，他欢快地点头，长长的胡须有节奏地上下抖动。

书虫吃早餐的时候，小歪从书桌上找出了《战马》。他盯着封面，只见上面写着：

献给莱蒂斯

我写这本书得到了很多人的帮助

尤其想要感谢的是

克莱尔和罗莎琳德

萨巴斯蒂安和霍雷肖

吉姆·海因森

艾伯特·威克斯

还有已故的威尔弗雷德·艾利斯和已故的巴吉特上尉

"唉，写这本书得到了这么多人的帮助，内容一定复杂极了！"小歪叹了口气。

书虫擦了擦嘴巴："只要你请我吃好吃的，我就陪你看好书。"说着将目光转到了《战马》上："这本书里有很多人物，不过一点都不复杂。相反，你如果能借助关键人物梳理故事，就能很轻松地读懂这本书了。"

小歪半信半疑地看着书虫："如果用你的方法，我在一个星期里能读懂这本书吗？"

"当然能！"书虫应声。

02

绘制人物路线图

小诗还在生气，小歪想抓紧看完《战马》的心格外迫切。

书虫喜欢这样求知若渴的小歪，它站在书本上，看着小歪闪闪发光的眼睛，说："人物串联法其实很简单，就是找出影响故事发展的关键人物，理清楚发生在他们身上的故事，找到彼此之间的关联，这样，一本书就会变成以人物为脉络的路线图，很清晰地在你脑海中呈现出来。"

"听起来很神奇！"小歪说，"会很难吗？"

"不难！"书虫捋了捋胡子，"这样吧，你先读书，找出第一个关键人物。"

小歪打开《战马》，认真地看了起来。

"我知道乔伊是这匹战马的名字。"

"乔伊还是小马的时候，被艾伯特的父亲买回了家。"

"艾伯特的父亲很讨厌乔伊，艾伯特却和乔伊一见如故。当时，艾伯特只有 13 岁，乔伊却把他当成了自己的第一个主人。"

书虫笑眯眯地说："你看，一点都不难吧！你可以把'艾伯特'这个名字写下来，他是故事的起点，也是影响故事发展的一号关键人物。"

小歪在纸上郑重地写下了"艾伯特"这个名字。

"那么，乔伊和艾伯特之间发生了些什么故事呢？"书虫继续提问。

"那可太多了！"小歪侃侃而谈，"乔伊的名字是艾伯特取的，艾伯特带着乔伊犁地，爸爸瞒着艾伯特卖了乔伊……"

"你看，看到'乔伊'和'艾伯特'这两个名字，你的脑海中就会很自然地浮现出他们之间发生过的故事。如果把所有的关键人物都列出来，你不就能很快地梳理出整本书所讲的故事了吗？"书虫说。

"对啊，这个方法太棒了！"小歪兴奋地捧着《战马》，"这样，我就能记住整个故事，即使迷宫里的问题再多，我也能答出来。"

"什么迷宫？"书虫问。

糟糕，一不小心说漏了嘴！小歪赶紧捂住嘴巴："没什么，没什么，我是说今天和小诗一起去造个迷宫，省得她总生我的气。"

"真的是这样吗？"书虫将信将疑。

小歪把早餐往书虫的面前推了推："你吃饱了吗？厨房里有煮好的玉米，早上刚采回来的，很新鲜，很好吃，要不要来点儿？"

"要，要，要！"一听有吃的，书虫的注意力马上就转移了，他忙不迭地点头，刚才的怀疑瞬间烟消云散。

小歪松了一口气，他打开《战马》，继续看了起来。他一边看，一边在本子上记录。不到三天，整本书看完，只见本子上画着：

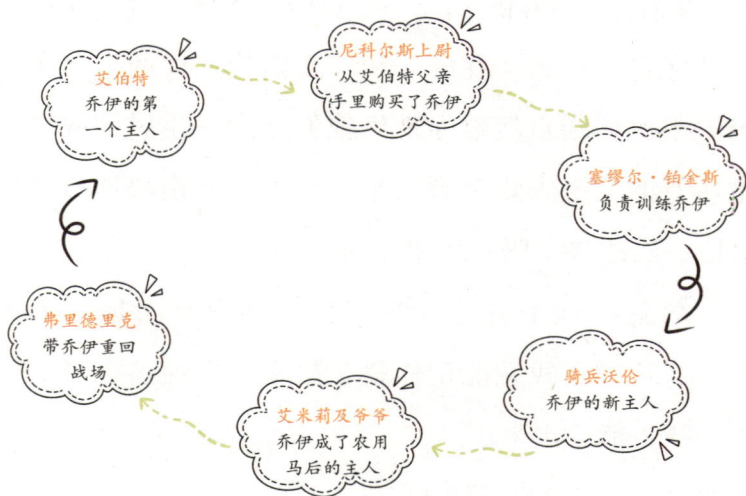

艾伯特
乔伊的第一个主人

尼科尔斯上厨
从艾伯特父亲手里购买了乔伊

塞缪尔·铂金斯
负责训练乔伊

骑兵沃伦
乔伊的新主人

艾米莉及爷爷
乔伊成了农用马后的主人

弗里德里克
带乔伊重回战场

"这本书讲的故事太感人了！"小歪由衷地说。

"我教你的方法不错吧？"书虫笑眯眯地问。

　　"是啊，看着这张人物路线图，我就很自然地想起他们和乔伊之间的故事。"小歪点点头，"小艾伯特与小马乔伊的友谊，塞缪尔·铂金斯训练乔伊的严格、骑兵沃伦的成长……每一个名字的背后，都是一个动人的故事。"

　　"我想这些人物之间应该有联系吧？"书虫问。

　　"对啊。"小歪指着自己整理的人物路线图，说："你看，尼科尔斯上尉从艾伯特爸爸手上买了乔伊，也是他，委托塞缪尔·铂金斯将乔伊训练成了合格的战马。尼科尔斯上尉牺牲后，骑兵沃伦成了乔伊的主人。因为战争，乔伊和沃伦分开了，它成了一匹农用马，艾米莉和爷爷悉心地照顾它。后来，乔伊再次被拉上战场，疯老头弗里德里克成了照顾乔伊的人。最后，乔伊和艾伯特重逢。"

　　"看来你已经对这个故事了如指掌了，"书虫朝小歪竖起了大拇指，"你好像挺喜欢这个故事。"

　　小歪点点头："这个故事很感人。怎么说呢，故事里的战争是黑色的，很残酷。可是，乔伊遇见的这些人都是温暖的，他们就像色彩斑斓的花朵，使那段昏暗的岁月变得温暖起来。"

　　"没想到你竟然能说出这么有深意的话，真为你感到高兴。"书虫说着，伸了伸懒腰，"下回再教你一些新方法，现在嘛，我要睡回笼觉去了。"

03

跳格子闯关

小歪捧起窗台上的彩色石头，轻轻地念道："彩色石头啊彩色石头，打开书海世界大门的钥匙，能不能传个信？我想去迷宫。"

说完，他便安静地等着。

小歪眼前出现了一圈一圈荡开的波纹，五颜六色的石头不断变幻着形状，远处，"迷宫"两个字依稀可见。

"欢迎你！"洪亮的声音响起。

"谢谢你，我准备好闯关了！"小歪自信地说。

"好的，请坐到那边的'特殊闯关椅'上。"洪亮的声音继续说道。

小歪环顾四周，看见不远处有一把彩色的石头椅子，像夜晚的霓虹灯一般，不停地闪烁，变幻着颜色。

小歪随手带了《战马》这本书，毫不犹豫地走上前去，坐到了椅子上。椅子开始旋转，就像游乐场的旋转木马一样，转动的速度越来越快，越来越快，奇怪的是，小歪没有感到任何不适。

过了许久，椅子停下了，小歪眼前的景象发生了变化。

山坡上的田地荒芜着，看起来像一个农场，蓟草到处都是。鹅卵石铺成的不规则的小路尽头，有一座黑乎乎的马厩。

"这不是艾伯特的家吗？"小歪惊呼出声。

按捺住激动与兴奋，小歪走近马厩。

马厩前方有一条小河，河边有一块绿油油的草地，草地上有一块蓝得发亮的石头。这一切和这片荒芜的田地格格不入，小歪不禁多看了两眼。他忽然发现草地被分成一格一格的，看起来像一个巨大的飞行棋棋盘，上面的蓝色石头就像一个大骰子。

"难道这就是我要做的闯关题？"小歪想着，走上前去。

蓝色的石头仿佛感觉到小歪的靠近，开始左右摇摆起来，看起来就像一个穿着蓝色外套的不倒翁。

小歪走近石头，轻轻地推了推它。蓝色石头动了起来，左右旋转、上下翻腾、停住，上面显示出一个数字——2。小歪只觉得自己飞了起来。毫无预兆地腾空而起，吓得他尖叫起来。

小歪以脚尖点地，一下、两下，停住，他落在草地的第二格。"哈哈，我明白了，摇骰子玩棋，这个我喜欢。"他忍不住笑出声来。

待他站稳，眼前出现"情境题"三个字。接着像放电影一般，一个巨大的屏幕出现了。屏幕中出现了一桶好吃的燕麦，一匹马不时地将脑袋靠近燕麦，又警觉地瞪大眼睛。

"这是乔伊！"小歪一眼就认出了屏幕中的马儿。

只见马头被笼头套住了，乔伊开始挣扎，但笼头越套越紧，它挣脱不了。一个温和的声音响起——"你不会有事的，孩子，他们会照顾你，他们保证过会照顾你。我需要钱，乔伊，我真的缺钱。"

屏幕中的声音戛然而止，两个问题浮现了出来：

这个将马套住的人是谁？你是怎么看待他卖马这件事的？

小歪想了想，回答道："这个人是艾伯特的父亲，他让人又爱又恨。他很爱艾伯特，为了让儿子拥有属于自己的农场，他以所有财产做抵押购买了农场。他拼命地干活，就是为了早一点还清所欠的钱。可是，战争让这一切成了泡影，努力干活依旧无法实现还钱的愿望，所以，他才会卖了乔伊。不过，他对乔伊实在太坏了，随意打骂，从来不给乔伊好脸色，又常常喝得醉醺醺的，所以，我不喜欢他。"

"恭喜你，回答得很完美，奖励前进三格。"话音刚落，小歪又开始脚尖踮地，蹦跳前行，一格、两格、三格，小歪停了下来。

这游戏可太好玩了，小歪越玩越有兴致。

04

获得石头箱子

　　小歪站定。蓝色的石头开始左右摇晃，小歪用力地推了推它，石头开始更剧烈地旋转。待石头停住，上面的数字是 5，小歪便继续表演"轻功草上飘"，他前进了五格。

　　"这是一道语音题，请认真听下面这段对话。"

　　"小伙子，你叫什么名字？"

　　"纳拉科特，先生。我叫艾伯特·纳拉科特。"

　　"唉，纳拉科特先生，真抱歉我没法帮你。我们有规定。不过，你不用担心你的乔伊，我会好好照顾它，一直照顾到你能加入我们的队伍。……我们需要你这样的年轻人，而且恐怕这场战争会持续很长时间，要比大家想象的时间长。到时候你就说出我的名字，尼科尔斯上尉。你能加入我们的队伍，我会很自豪的。"

"没有别的办法了？我什么都做不了？"

"是啊，你的马现在归部队了，你现在年龄太小，没法参军。别担心——我们会照顾好它的，我会亲自照顾它，一言为定。"

"我会找到你的，乔伊，无论你在哪里，我一定会找到你的。先生，请您好好照顾它，一直到我找到它为止。"

"一言为定，我会竭尽全力。"

对话结束了，一个声音传来——"请问，尼科尔斯上尉说话算话吗？他认真照顾乔伊了吗？"

小歪笑了，他的脑海中，人物路线图上，"尼科尔斯"这个名字闪闪发亮，和他相关的一系列故事也随之浮现。只听小歪侃侃而谈："塞缪尔·铂金斯训练战马的方式很野蛮，他下手很重。乔伊接受训练的最初阶段，尼科尔斯上尉每天晚上都会去看乔伊，他和乔伊聊天，给它画素描，还告诉它会把画像寄给艾伯特。他鼓励乔伊，还让塞缪尔·铂金斯对乔伊好一点，多喂它吃草料，训练时多一些耐心。"

小歪罗列了一堆尼科尔斯上尉做的事，末了，他说："我佩服尼科尔斯上尉，战争没有磨灭他的善良和真诚，他会害怕，也会为伤员落泪，可他又无所畏惧，他是一位英雄。"

"你对书中的人物有自己的见解，真棒，奖励前进五格。"小歪话音刚落，洪亮的声音响了起来，小歪又开始脚尖踮地，蹦跳前行。

当小歪第六次摇动蓝色石头的时候，终点就在不远处向他招手了。他很开心，一边摇蓝色石头，一边在心里默念 "6，6，6，摇个 6"。蓝色的石头仿佛和小歪心有灵犀，上面果真是 "6"。

向前跳了六步，小歪停在了离终点一步之遥的位置上。

"有两个选择——超难题，可直接到达终点；普通题，需继续一步步答题。请选择。"洪亮的声音传来。

"超难题！"小歪恨不得马上到终点。

"请听题，战马乔伊的故事之所以令人难忘、令人感动、令人敬佩，你觉得最根本的原因是什么？"

题目很简短，作答却需要深思。

　　小歪认真思考起来，他顺着人物路线图将战马乔伊的成长故事完完整整地回想了一遍，然后说："这是一个关于爱与成长的故事。是爱，让乔伊顶住压力，从普通的农用马变成了合格的战马；是爱，让乔伊在战火纷飞中，扛住繁重的工作压力、再三失去好友的痛苦、病魔的突然袭击，最终和艾伯特再次相遇。"

　　"能举例说明吗？"洪亮的声音继续提问。

　　"就拿艾米莉、爷爷和乔伊的故事来说吧，当时，乔伊每天都去战场上运伤员，在枪炮声中生着病去战斗，生活就像噩梦。艾米莉和爷爷每天都给它进行全身按摩，处理它身上的擦伤和疮，喂它吃东西，帮它刷洗身体，还用稻草为它铺出又干燥又暖和的床。艾米莉和乔伊很快成了朋友。部队换地方了，艾米莉和爷爷甚至用马车和食物换了乔伊，让它留下，不用再受战争之苦。即使走到了生命的尽头，艾米莉依然央求爷爷找到乔伊，让乔伊过上幸福的生活。正是这样真挚的爱与关心，才支撑着乔伊度过了那段可怕的时光。也正是因为艾米莉爷爷不辞辛苦，千里寻马，用自己平生的积蓄把这匹马拍卖回来，艾伯特最终才能带着乔伊回家。"

　　伴随着小歪的回答，草地中的格子慢慢淡去，终点处升起一个用彩色石头垒成的箱子。

05
战马给的特殊考验

小歪一个箭步奔向它，石头箱子应声打开——里面是三块彩色的石头。

"不是说是一套完整的彩色石头吗？"小歪有些奇怪地看着眼前的箱子。

洪亮的声音响起："恭喜你闯关成功，如果你想得到整套的彩色石头，那么，你需要通过一个特殊的考验。"

"什么考验？"

小歪的话音刚落，草地旁边那个黑乎乎的马厩的门忽然打开了。小歪吃惊地走上前去，只见马厩里有一匹战马——四只雪白的蹄子，额头和鼻子间有一个白色的十字图案，和《战马》里的乔伊一模一样。

小歪兴奋地跑上前去，抚摸战马乔伊柔软的毛。

"你好，小歪！"乔伊会说话！

"乔伊，真的是你在说话？"小歪觉得这一切太不可思议了。

"是啊，我想拜托你帮我个忙！"乔伊说。

"什么忙？"小歪兴奋极了，"只要我做得到，一定帮你！"

"我的故事传开后，很多人慕名前来采访。昨天，有一家报社给我出了一道难题——请我对比我所有的主人，给出评价，写成一篇文章，理由必须充分。"乔伊叹了口气，"要知道，我可不喜欢做这些，能麻烦你来写这篇文章吗？"

"当然可以！"小歪点点头，"可我写的，能代表你心里的想法吗？"

乔伊笑了，它的声音很好听："从来就没有真正的感同身受，我所经历的生活、我所遇见的每个人、我的感受，都是独一无二的存在，你很难揣测。我只是不想让艾伯特烦恼，所以，你按照你心里的想法写就行。"

乔伊的话音刚落，小歪的面前就出现了纸和笔。稍做思考，小歪便动笔写了起来。

"大家好，我是战马乔伊。"小歪写下这几个字，抬头看乔伊，发现它正用温和又饱含着鼓励的目光看着自己。

小歪静下心来，深吸一口气，继续写道：

　　我的第一个主人，是艾伯特。他是我生命中的光，遇见他，是我这一生中最幸运的事。我至今都无法忘记，他对我说："嘿，伙计，叫你什么好呢？好吧，就叫乔伊吧！"他让我感受到了这世界的美好，我们一起在草地上狂奔的快乐场景，无数次出现在我的梦中，让我在面对后来所有的苦难时，都不至于失去希望。

　　我的第二个主人，是尼科尔斯上尉。他是一名英国军官，很懂我。作为什么都不会的小马，初入军营的我惊慌失措。为了让我成为一匹合格的战马，他让塞缪尔·铂金斯训练我。要知道，铂金斯可是最严厉的战马训练官。我被他折磨得几乎发疯。尼科尔斯上尉安慰我，鼓励我，给我吃最好的粮食，才让我有勇气坚持下来。我能在残酷的战争中生存下来，与尼科尔斯上尉和塞缪尔·铂金斯教我的生存技能密不可分。

　　我的第三个主人，是骑兵沃伦。他对我很好，是个很温暖的人。可是，温暖不适合战场，他太胆小，在战场上比我还紧张。不过，这也锻炼了我的能力，因为他总让我觉得：我应该保护他！

我的第四个主人，是艾米莉和她的爷爷，他们令我难忘。那时，我从硝烟弥漫的战火中挣脱，伤痕累累，身心疲惫，他们给予了我温暖。艾米莉总让我想起艾伯特，他们是一样的人。我又成了农用马，我很享受这样的生活。艾米莉身体不好，我们是彼此的慰藉。

我的第五个主人是弗里德里克，对于他，我不想多说什么。

我的第六个主人，正是我最初的主人艾伯特。多亏了艾米莉的爷爷，我才能再次回到他身边。

有人说，我的一生是传奇。但我想说的是，在残酷的环境下，若想得到更多的礼遇和厚爱，就只能让自己成为传奇，用血肉之躯去创造奇迹，用顽强去敲碎命运的锁。只有勇往直前，才能挣脱命运的束缚。这是我和艾伯特共同的信仰。

小歪写完最后一个字时，听到了乔伊满意的笑声。就在这时，彩色的书海世界渐渐消失了，眼前一圈一圈荡开的波纹也渐渐消失了。小歪只觉得衣兜里沉甸甸的，伸手去摸——一张蓝色的卡牌，还有……彩色的石头！一整套彩色的石头！

　　"这一回，小诗肯定会原谅我了。"小歪自言自语，拿起彩色石头朝小诗房间跑去。

06

焦头烂额的小歪

"小诗，小诗，看我给你带什么来了！"小歪使劲地敲着小诗的房门。

小诗打开房门，没好气地看了小歪一眼，回到书桌旁继续写作业。

"给你！"小歪把手中绿色的石头递了过去。

小诗看了一眼石头："怎么，小气鬼表哥舍得把它送给我了？"

小歪摸了摸后脑勺，尴尬地笑着："舍得！不止这块，我把整套彩色的石头都送给你。"

"整套彩色石头？！"小诗停下手中的笔，一副不敢相信的样子。

"对啊，对啊，整套太多了，拿不过来，你去我房间

看！"小歪拉着小诗，来到他的房间。

桌子上，彩色的石头一块比一块漂亮。小诗跑上前去，拿起红色的石头，又拿起黄色的石头，啧啧称赞，爱不释手，眼睛里闪烁着光芒。

小歪得意地看着激动不已的小诗。

过了好一会儿，小诗忽然问："哥哥，这些石头是从哪里来的？小溪里不是捡不到这样的石头了吗？"

"我……我……"小歪忽然有些后悔，应该想好说辞再来找小诗的。他支吾了半天，说："这是我……我的……奖励。"

"奖励？是学校的奖励被你带到这里来了吗？"小诗不解地看着小歪。

"是……"小歪嗫嚅着，不知如何作答。

小诗一听这个"是"便激动起来："学校的奖励，你有两套，上次却舍不得送一块给我？"

"不是……不是学校的奖励。"小歪连忙否认，他的脸涨得通红，汗珠不识时务地钻出了脑门。

"不是学校的奖励，那是哪里来的？难道哪里有'有奖竞猜'？"小诗狐疑地盯着小歪。

小歪更加不知所措："反正……反正就是奖励，你如果想要，我就送给你，但你不许问它们是从哪里来的。"

小诗摸了摸手中的石头，安静下来。

小歪见小诗不说话了，松了一口气。可他忽然又想起一件更麻烦的事情——一套完整的彩色石头是通向书海世界的钥匙，万一小诗也到了书海世界……想到这里，他连忙说："小诗，这些都是神奇的石头，有很多神奇的本领！"

小诗细细地打量了小歪半天："你……不会又在骗我吧？"

"骗你是小狗！"小歪急了。

"那好吧，我相信你。那你说说，这些石头神奇在什么地方？"

小诗可不是好糊弄的。

小歪一边摆手一边说："这个一时半会儿说不清楚，等我想想怎么说。明天，明天我一定告诉你。"

"好吧！"小诗把所有的彩色石头装进衣兜，"看在这些漂亮石头的面子上，明天我再来问你。"说着，小诗如获珍宝般回自己房间去了。

"小歪，这些真的是神奇的石头？"身后传来书虫的声音。小歪一转头，看见书虫坐在窗台的石头上，有一下没一下地摸着石头，一脸严肃。

"没……没有的事。"小歪尴尬地回答。

"那你刚才告诉小诗……"书虫不解地问，"这些石头肯定不是学校奖励的，我也想知道，石头是哪里来的？"

"从小溪里，小溪里捡的。"小歪只觉一个头两个大。

"那小诗为什么捡不到这样的彩色石头？"书虫追问。

"这个……这个一下子说不清楚！"小歪急了，嗓门不知不觉大了起来，"明天，明天告诉你，行了吧？"

书虫还没回答，门口传来了外公的声音："告诉我什么？小歪，你在和谁说话？"

小歪吓得赶紧转身："没……没有和谁……"

"好几次听见你在房间里嘀嘀咕咕了，你是不是藏着什么？"外公踱步进门。

小歪吓得双腿发抖。他悄悄转身，幸好，石头上已经没有了书虫的身影。

"不会是在打游戏吧？你舅舅以前玩游戏的时候，嘴巴里也嘀嘀咕咕，你可千万别玩游戏啊！"外公说着，拿起书桌上的书，查看下面是否有电子产品。

"外公，没有手机，没有平板电脑，我怎么玩游戏啊！"小歪将外公往门外推，"你肯定听错了，刚才，我在房间里看见了一只大蚊子，我想消灭它，正对着它说话呢！"

外公狐疑地看了看小歪，又将房间上上下下打量了一遍，确实没发现什么异常，叮嘱了几句，出门去了。

小歪长长地松了一口气，一屁股瘫坐在床上。

　　"我以为送小诗一套一样的石头就能解决一切问题呢！"他喃喃自语，"没想到更麻烦了！"

　　正想着，身后又传来了书虫的声音："小歪……"

　　小歪赶紧抱起窗台上的石头，往枕头边一放："书虫，我想睡一会儿，有什么话，睡醒了再说，好吗？"

　　小歪往床上一躺，装作把玩石头的样子，拿起一块石头放在手心，心里默念着："我要去书海世界，我要去书海世界。"

　　迷迷糊糊中，小歪的眼前又出现了晃动的波光，他又一次进入了书海世界。

　　"不好意思，我……我想请教个问题。"小歪想到自己三番两次的打扰，脸微微有些发热。

　　"说吧。"一个声音传来。

　　"我刚刚获得了一套彩色石头作为奖励，如果我把这套石头作为礼物送给我的妹妹，那她也能到书海世界中来吗？"小歪问。

　　"不能！作为奖励的彩色石头没有钥匙的功能，所以，妹妹无法来到这里。"那声音一板一眼地解释道。

　　"那……那我可以带我的朋友们来书海世界吗？"小歪追问。

　　"不能！只有发现了彩色石头的人，才能来到这里。"

那个声音回答，"一般来说，一套彩色石头只能带一个人来到这里。"

"如果不是人呢？"小歪顿了顿，"我是说，精灵之类的，可以带吗？"

那个声音沉默了片刻："我们的条例里没有规定不准带，应该可以。"

"好的，我明白了。"

小歪暗想：下一回我再来闯关，可以带着书虫一起。

"如果你的疑问已经解决了，你可以预约下一回闯关的时间。"那个声音说。

一个时光轴出现在小歪面前。小歪想了想，将时间设定在了两周以后。

"我可以在闯关的时候再选择书吗？"小歪问。

"当然可以。"那个声音回答。

晃动的水波不见了。小歪醒来，手中握着一块红色的石头。

窗户旁，书虫正一脸不开心地看着他。

张祖庆名师工作室原创小说

名家名作里的
阅读密码

张祖庆 邱慧芬 著

02

人民邮电出版社

北京

目录

第**7**章　**橙色闯关　《汤姆·索亚历险记》与情节法**

第 5 章

红色闯关
《西游记》与吞读法

01

挑战"西游"为争气

"小歪，吃晚饭了！"外婆的声音从小院里传来。

"来了！"小歪回过头，对着窗户旁的书虫轻轻地说，"吃完饭再和你细说。"

小歪坐到餐桌旁的时候，小诗正和外公聊得起劲。

"那孙悟空一变，就变成了一条鱼，钻进河里了。二郎神呢，就变成一只鸟，专门吃鱼的那种鸟，追着孙悟空跑……"小诗手舞足蹈。

"那叫鱼鹰！"外公笑眯眯地纠正。

"对，鱼鹰。"小诗继续说，"孙悟空马上再变，变成一条水蛇。二郎神就跟着变，变成另一种鸟……"

小歪忍不住"扑哧"一声笑了："又是鸟，什么鸟？"

小诗的脸涨得通红："电视上放的，又没有出现鸟的名字，我怎么知道它是什么鸟？"

外公看了看小歪："那你知道那是什么鸟不？"

这可把小歪问住了，对于四大名著，他从来都是望而却步。《西游记》里的故事，他多半是道听途说，或者偶尔看一两集电视剧，对于具体内容一知半解。小歪不好意思地抓抓脑袋："这个嘛……我也不知道。"

"那叫灰鹤。"外公帮外婆将菜放到餐桌上，"小歪啊，你是五年级的孩子了，可以看看《西游记》啦！"

"外公，我看过《西游记》的动画片，听过《西游记》相关的音频故事，我比哥哥厉害！"小诗说完，冲着小歪做了一个大大的鬼脸。

"看了那么多，听了那么多，你还不是连灰鹤都不知道！"小歪没好气地对小诗说，"如果是我，看了和听了的故事，一定能讲得清清楚楚！哼！"

"吹牛！"小诗反驳道，"那么厚的书，你能看完就很了不起了，还说能讲得清清楚楚，我不信！"

外公笑了："小歪，男子汉，可不许吹牛皮呀！"

小歪"噌"地站起来，一拍胸脯："我才不是吹牛，不就是《西游记》吗，我带来的书里有，明天我就开始看，看完明明白白地讲给你们听！"

"有志气！"外公摸摸小歪的脑袋，"小伙子，现在我们吃饭吧！"

晚饭有美味的玉米烙。甜甜的玉米加上甜甜的白糖，一看就是书虫的最爱。小歪偷偷藏了一块，带回了房间。

"书虫，书虫，看我给你带什么好吃的了！"小歪把玉米烙放到书虫休息的书旁。不一会儿，书虫便拖着长长的胡子钻出来了。

"不要以为给我吃玉米烙，我就不问你石头的事情。"书虫很不客气地吃了一大口玉米烙。

小歪笑着说："别生气，你一边吃，一边听我说！"

小歪将自己怎样发现彩色的石头，怎样去到书海世界，怎样闯关，原原本本地告诉了书虫。

书虫瞪大了眼睛："这世界上，竟还有这样的地方！"

"下一回闯关，我带你一起去！"小歪承诺道，"你还可以当我的'万能字典'呢！"

一听这话，书虫马上高兴起来了："好啊，好啊，堂堂书虫，怎么可以没去过书海世界呢？我一定要去看看。话说回来，下一回去，你要选哪本书呢？"

"《西游记》！"小歪毫不犹豫地回答，"我要让小诗和外公对我刮目相看！"

"好的！"书虫又狠狠地咬了一大口玉米烙，"只要你请我吃好吃的，我就陪你看好书！"

02

停不下来的吞读

小歪站起身，从书堆中抽出《西游记》。

"混沌未分天地乱，茫茫渺渺无人见。自从盘古破鸿蒙，开辟从兹清浊辨……"一首诗还没看完，小歪就觉得脑袋疼。

"书虫，我觉得我们还是换一本书读吧！"小歪一边把书合上，一边说。

"为什么？"书虫不解地问。

"这书太难懂了。"小歪不好意思地挠挠头，"而且这么厚……"

书虫沉默了片刻："这样吧，我先大致和你说说这本书。"

小歪把《西游记》放到书虫面前："好啊，你说！"

书虫翻开《西游记》，停在目录上，慢条斯理地介绍道："这本书吧，可以分为四大部分：第一部分，第一至七回，介绍孙悟空去西天取经前的经历；第二部分，第八至十二回，介绍为什么要去西天取经；第三部分，第十三至九十九回，介绍唐僧师徒取经的经过；第四部分，第一百回，介绍取经的结果。"

书虫说着，指着目录中的前七回："你可以先看这七回，其中的每个故事都很有意思。"

小歪接过书，准备继续看。他又听见书虫说："如果遇到不懂的地方，可以借助下面的注释来理解。如果遇到实在读不懂的地方，比如遇到诗或者大段大段的景色描写，可以试着用吞读法。"

"吞读法？"小歪愣住了，一脸迷茫。

"吞读法就是读书时快速地一扫而过，读懂多少算多少，一点都没有读懂也没关系。"书虫有条不紊地说。

"这样也行？"小歪吃惊地看着书虫，"要是遇到不认识的字，要不要查字典呢？"

"初次接触《西游记》，完全不用逐字逐句读，当然也不需要查字典了！"书虫抖了抖胡子，示意小歪打开书，"津津有味地读下去，就行了！"

小歪翻到《西游记》第一回，用书虫说的方法读了起来：

感盘古开辟，三皇治世，五帝定伦，世界之间，遂分为四大部洲：曰东胜神洲，曰西牛贺洲，曰南赡部洲，曰北俱芦洲。这部书单表东胜神洲。海外有一国土，名曰傲来国。国近大海，海中有一座名山，唤为花果山。此山乃十洲之祖脉，三岛之来龙，自开清浊而立，鸿蒙判后而成。真个好山！有词赋为证。赋曰：

势镇汪洋，威宁瑶海。势镇汪洋，潮涌银山鱼入穴；威宁瑶海，波翻雪浪蜃离渊。木火方隅高积上，东海之处耸崇巅。丹崖怪石，削壁奇峰。丹崖上，彩凤双鸣；削壁前，麒麟独卧。峰头时听锦鸡鸣，石窟每观龙出入。林中有寿鹿仙狐，树上有灵禽玄鹤。瑶草奇花不谢，青松翠柏长春。仙桃常结果，修竹每留云。一条涧壑藤萝密，四面原堤草色新。正是百川会处擎天柱，万劫无移大地根。

　　小歪在"东胜神洲""傲来国""花果山"下画了几条线，对于花果山的模样，他粗略地看了两眼，只知这是一座好山，便略过了。

　　很快，他就读完了第一回："原来孙悟空自仙石中蹦出，因为先入水帘洞被称为猴王。这样过了三五百年，因为惧怕死亡，通背猿猴建议他去拜访仙师，学长生不老之术。于是他离开花果山，来到斜月三星洞，拜了菩提老祖为师，菩提老祖还给他取了个名字——孙悟空。"

书虫笑了："你看，这样吞读，你也读懂了故事内容。这样读，不累吧？"

小歪点点头："的确，吞读还蛮好玩的！"

书虫将打开的《西游记》推到小歪面前："那就趁热打铁，争取把前七回先读完。相信我，读完这七回，对于孙悟空去西天取经之前的经历，你就了如指掌了！"

小歪捧起书，继续奋战。

尽管是囫囵吞枣般地读，小歪依然觉得有些吃力，他读读停停，停停读读。读完一回，他就忍不住想和书虫分享：

"书虫、书虫，第二回讲的是孙悟空学本领。七十二变原来叫地煞数，孙悟空学它是为了躲避'三灾利害'，你知道什么是'三灾利害'吧？"

"书虫、书虫，第三回我也看完了，讲孙悟空回到花果山，打败了混世魔王，去龙宫索了宝，去地府改了生死簿。孙悟空真是太酷了！"

…………

书虫迷迷糊糊地答应着。

小歪越读越激动，读到孙悟空搅乱蟠桃宴大闹天宫时，小歪激动地摇醒了书虫："太好玩了，孙悟空竟然变出瞌睡虫，让造酒酿酒的仙官全都进入了梦乡……"

"你这样子，可真像那泼猴！"书虫生气了，"不对，孙悟空至少还让这些造酒酿酒的仙官睡觉，你呢，还让不让我好好休息了！"

小歪不好意思地吐吐舌头，向书虫道歉。

看看书，已经快到第六回了。看看天上的月亮，已经升得老高。小歪一鼓作气，将第六、七回也看了个大概。宛若吃了一顿美味佳肴，小歪舒服地叹了口气："太精彩了，原来孙悟空是这样被压在五行山下的，看书可比看电视剧有趣多了！"

小歪放下书，对着窗户边彩色的石头说了一声"晚安"，躺在床上，进入了梦乡。

03

《西游记》是个动物园

　　书真是个奇怪的东西。那些原本没读进去的大部头，常常让人望而生畏，恨不得离得远远的，可一旦读进去，便会让人停不下来。《西游记》就是这样的书，一连几天，小歪都沉浸在吞读中。

　　这天傍晚，热气还未散尽，外婆切了一个大西瓜。一家人在院子里的葡萄架下，津津有味地品尝西瓜的香甜。

　　"小歪，《西游记》看到哪里了？"外公问。

　　"刚看到唐僧收了沙和尚。"小歪咬了一大口西瓜，这西瓜被外婆用泉水浸了一天，凉丝丝的，别提多好吃了。

　　"哈哈，看得挺快的嘛！"外公爽朗地笑着，递了一块西瓜给小诗。

　　"外公，你也喜欢读《西游记》吗？"小诗咬了一口西瓜，满足地笑眯了眼。

"那当然。"外公说，"我可是读了十几遍呢！"

"竟然读了这么多遍？"小歪瞪大了眼睛，"不会无聊吗？"

"不会！"外公摆摆手，"你想啊，每次读，都能找到很多有趣的相同点或不同点，就好像在玩'找不同'游戏一样，很有意思！"

"有很多的相同点和不同点吗？"小歪继续追问。

"当然有了，很多很多！"外公不无得意地说。

"讲给我们听听吧！"小歪和小诗异口同声地央求道。

"好吧！"外公吃完了一块西瓜，把西瓜皮放到桌子上，擦了擦手，"第一个相同点——《西游记》是个动物园！"

小歪和小诗你看看我，我看看你，又疑惑地看向外公。

"听不懂？"外公说，"别急，我给你们举个例子。唐僧有几个徒弟？"

"四个！"小诗和小歪一起回答，"孙悟空、猪八戒、沙和尚、白龙马。"

"孙悟空是猴子、猪八戒是猪、白龙马是龙变的马。你看，四个徒弟中，三个和动物有关，你说《西游记》像不像动物园？"外公慢条斯理地说。

"可是……"小歪想反驳，想了半天，才挤出一句，

"可他们和这些动物不一样啊！"

"怎么不一样？"外公说，"你看，白龙马驮着唐僧，和马一模一样；孙悟空像猴子一样喜欢抓耳挠腮、上蹿下跳，也像猴子一样聪明机灵。"

"对对对！"小诗一个劲地点头，"猪八戒贪吃、贪睡，和猪一模一样！"

"再看那些妖怪，什么蜘蛛精、蝎子精、鲤鱼精……哪个不是动物变的。"外公补充道，"你说《西游记》像不像一个动物园？"

"这样说来，的确很像！"小歪若有所思地点点头。

回到房间，书虫正在窗台上走来走去，锻炼身体。

小歪把外公说的"《西游记》像个动物园"的说法告诉了他，书虫停下脚步："你外公说得非常有道理，《西游记》里动物很多，你可以一边读，一边盘点。如果你更细致一些，可以将盘点出来的动物再细化，发现这些动物之间的异同点，进行再分类。"

小歪把脑袋摇成了拨浪鼓："不要，不要，这样读书太麻烦了！"

书虫哑然失笑："你呀，没发现这样读书的妙处，才会嫌麻烦。你忘记我有什么本领了吗？走，带你到书里去看看！"

　　小歪差点忘了书虫的特殊本领：他有一种神奇的小纸片，谁只要将小纸片含在嘴里，就能变得和书虫一样小，也可以和书虫一起钻到书里去，欣赏书中的世界。

　　想到这儿，小歪顿时兴奋起来："书虫，我的好书虫，小纸片快给我一张！"

　　书虫掏出一张小纸片，递给小歪。小歪迫不及待地将它含在嘴里。片刻工夫，小歪变得和书虫一样小。他跟在书虫的后面，钻进了厚厚的《西游记》里。

04

用表格梳理异同点

到处都是灰蒙蒙的，隐隐约约能听见水声。小歪拂开眼前的雾气，只见前方有一妖怪——头戴金盔、身披金甲、腰围珠宝带、足踏烟黄靴，咬着一枝青嫩藻，拿着九瓣赤铜锤，正满脸得意地往府邸走去。

小歪定睛细看，猪八戒站在旁边，正一脸焦急地朝妖怪处张望。

"书虫、书虫，这是什么妖怪？"小歪的好奇心一下子被吊了起来，"猪八戒为什么不去打他呢？"

书虫说："别急，你接着看！"

不多时，只见孙悟空拉着一个未梳妆的菩萨过来，菩萨手中提着一个紫竹篮儿。只见菩萨解下一根束袄的丝绦，将篮儿拴住，抛往河中，一边抛，一边念着："死的去，活的住！死的去，活的住！"

神奇的一幕发生了：篮子里竟然出现了一条巨大的金鱼，还有一枝娇嫩的菡萏！菩萨一边将篮子收回，一边说："他本是我莲花池里养大的金鱼，每日浮头听经，修成手段。那一柄九瓣赤铜锤，乃是一枝菡萏，被他运炼成兵……"

小歪恍然大悟："原来这是菩萨养大的金鱼精，难怪这么厉害！"

书虫扯了扯小歪，带着他从书里钻了出来。

小歪意犹未尽："书虫，再去看个妖怪呗，太好玩了！"

书虫摇了摇头："别急，你先听我说。刚才我们看的金鱼精，是第一类妖怪——圈养型妖怪。既然有圈养型，那么肯定有……"

"自然生长型妖怪！"小歪接过话茬。

"对！"书虫笑眯眯地看着小歪，"在接下来读书的日子里，你就可以做个有心人，整理一份表格，将圈养型和自然生长型的妖怪进行分类，这样，妖怪之间的异同点就一目了然了！"

"听起来很有趣！"小歪说，"我可以列一份表格，方便记录。"

说着，小歪拿起纸和笔，"唰唰唰"地画了起来。不一会儿，纸上便有了一份清晰的表格：

妖怪姓名	妖怪类型	圈养人	收服方式
金鱼精	圈养型	菩萨	菩萨以竹篮收服

"等我看完整本书，填好这份表格，哪些妖怪是被圈养的，哪些妖怪是自然生长的，他们最后是怎么被收服的，便一目了然了！"小歪满意地看着纸上的表格。

"嗯嗯，看起来真不错！"书虫笑着点头，"恭喜你又学会了读书的新方法。事实上，《西游记》可不仅仅像一个动物园，还是一个兵器库，一个神奇王国集锦……如果你愿意，可以继续用这种方法来读，你会发现，这样读，收获可大了！"

"好，那我就这样读！"小歪打开《西游记》，"西天取经开始，唐僧师徒就要闯关历险了，我要多设计一些这样的表格，一边读，一边做记录，相信一定可以读得更明白！"

窗外，不知名的虫子正唱得起劲。小歪捧着《西游记》，继续专注地读了起来。

05

红色云朵台阶上的闯关

两个星期眨眼就过去了，小歪桌上的《西游记》读书记录表已经有一小叠了。吃饭的时候，外公考他的问题，他都对答如流。小歪觉得自己可以闯关了。

这天中午，他对着窗台上的彩色石头轻轻地说："彩色的石头，彩色的石头，我准备好闯关了！"

说完，小歪将书虫塞进自己的衣服口袋里，躺在床上，安静地等待着。

果然，眼前出现了波光粼粼的湖面，水波一圈一圈地在小歪眼前晕开，熟悉的迷宫出现在眼前。书虫从小歪口袋里探出脑袋，好奇地打量着眼前的一切。不知为什么，他竟感到熟悉，似乎这是自己来过的某个地方。

"请选择闯关书籍！"一个声音传来，面前的大屏幕上出现了一个类似于点歌台的装置——书籍搜索装置，上面显示着各种书籍的检索符号。

小歪镇定地输入"XYJ"三个字母，《西游记》的封面马上出现在大屏幕上。

小歪点了"确定"，面前飘来一团红色云朵，红得那样纯粹，没有一点瑕疵。

红色云朵停在小歪面前。

红色云朵轻轻上下晃动。

红色云朵仿佛在向小歪招手。

小歪手脚并用地爬上红色云朵。

红色云朵跟随小歪的动作晃动着。

红色云朵张开翅膀带小歪飞起来。

云朵飞得极快，不多时，便停在一个长长的、一眼望不到边的红色天梯旁。天梯的台阶一级一级升入更高的云海中，小歪抬起头，只能看见没入云海的最后一级台阶。

"如果回答正确，可根据提示向更高台阶攀登。登上十级台阶，视为挑战成功。"熟悉的声音在小歪耳边响起。

书虫从小歪口袋里探出脑袋来，刚往外一看，马上就把脑袋缩了回去："天哪，这么可怕，我恐高！"

小歪拍了拍书虫："别怕，我保护你！"说着，小歪从云朵爬到了第一级红色台阶上，一道题目从附近的另一

朵云中飘过来，小歪定睛一看，只见上面写着：

> 王母娘娘设"蟠桃胜会"，派红衣仙女、青衣仙女、素衣仙女、皂衣仙女、紫衣仙女、黄衣仙女、绿衣仙女去摘蟠桃。请问："素衣"中的"素"和"皂衣"中的"皂"分别指什么颜色？

小歪抓抓脑袋，完了，第一题就被难住了。他赶紧拍了拍书虫："素好像是白色，皂是什么颜色？"

书虫显然被红色的天梯吓着了，他不敢探出脑袋，轻轻颤抖着提醒小歪："皂是指黑色，你没听说过一个成语——青红皂白吗？"

小歪赶紧在题目后面写上答案——白色、黑色。

只见带着小歪飞上来的红色云朵又一次出现在他面前，上下晃动着，邀请小歪上去。小歪爬了上去，红色云朵带着他，飘到了第二级台阶上。

没等小歪站稳，题目又出现了：

> 孙悟空几次大闹天宫？每次闹的原因是什么？结果如何？

"三次！"小歪自信地说，"孙悟空三次大闹天宫。第一次，他嫌弼马温的官职太小，小闹了一场，回花果山了；第二次，他被封为'齐天大圣'，可惜有名无实，蟠桃宴都没请他，所以他大闹了一回；第三次，他从太上老君的炼丹炉里出来，打到了凌霄宝殿门口，被如来佛祖困在了五行山下。"

红色云朵又一次飘了过来。小歪熟练地爬到它的身上，来到了第三级台阶上。还没等他站稳，题目又冒出来了：

孙悟空三次大闹天宫，有什么不一样？

小歪最喜欢这种"有什么相似之处""有什么不一样"的问题了。他回想着自己设计的一堆表格，在脑海中搜索着答案，表格清晰地出现在他脑海中：

大闹天宫	闹的原因	破坏情况	玉帝反应	闹后结果
第一次	"弼马温"官职太小	打砸了御马监	派托塔天王和哪吒捉拿他，后被太白金星劝回天宫	被封为"齐天大圣"
第二次	蟠桃宴未请他，齐天大圣有名无实	摘了仙桃、喝了御酒、偷了仙丹，搞砸了蟠桃宴	观音推荐二郎神捉拿他，被捉住并放至太上老君的炼丹炉里炼化	练就了火眼金睛
第三次	炼丹炉里的遭遇令他火冒三丈，从炼丹炉出来，大闹天宫，发泄心中的愤怒	打至通明殿，让玉帝下台，把位子给自己坐	请如来佛祖出马制服	被压在五行山下，等唐僧来救

小歪一边回想着表格，一边回答："三次大闹天宫，孙悟空越来越愤怒，造成的破坏越来越大。"

红色云朵迟迟没有飘过来，显然对小歪的答案不够满意。小歪想了想，说："孙悟空第一次大闹天宫，争的是一个职位，只要有一个名头就好；第二次大闹天宫，争的是这个职位背后的权力，不仅要有名头，还要有实际的待遇；第三次大闹天宫，是因为他觉得玉帝不尊重他，他那么有能力，玉帝竟然几次三番对他轻视怠慢，这令他愤怒，他渴望有平等的机会。"

书虫在口袋里不停地鼓掌："小歪，真没想到，你能想得这么深入！"

红色云朵飘飘悠悠地过来了，载着小歪向上飘了好几级。小歪开心极了："看来，问题回答得精彩，往上飘的速度也会快一些！"书虫感受到了小歪的喜悦，将脑袋从衣服口袋里探出来，战战兢兢地向外看了看，又飞快地缩了回去。

红色云朵停了下来。小歪飞快地爬到台阶上，题目出现在他面前：

> 唐僧的徒弟中，谁的本领最弱？请说明理由。

看来，因为第三题回答得精彩，云朵已经自动为他跳过第四题了。

"本领最弱，题目出错了吧？"小歪揉了揉眼睛，再次看题，"还真的是本领最弱，唐僧的徒弟们都本领高超，又从来没有比过，我哪里知道谁本领最弱呢？"

小歪想选"过，下一题"，可没有找到按钮，急得像热锅上的蚂蚁。忽然，关于"西游兵器库"的汇总表浮现在脑海中，小歪深吸一口气，闭上了眼睛，努力让自己静下来思考。

过了良久，小歪睁开眼睛，大声说："本领最弱的是沙和尚。"

"请阐述理由！"

小歪顿了顿："你看，孙悟空有金箍棒，会七十二变，会驾筋斗云，还有金刚不坏之身、火眼金睛；猪八戒有九齿钉耙，这个武器帮助他打败了许多妖怪；至于白龙马，他看起来没什么本领，可是，他是龙，他的尿能让人起死回生，仅这一条就非常厉害了。而沙和尚，只会牵马、挑担，唯一的道具就是脖子上的骷髅——当船帮众人过了一次河，就没什么用了。所以，我觉得沙和尚的本领最弱。"

红色云朵晃晃悠悠地飘了过来，小歪爬上云朵，低头往下看，自己已经在半空中了，底下的书海世界就像一个彩色的大鸡蛋。

06

美猴王孙悟空现身

转眼间，小歪已经站在了第八题对应的台阶上，他能感受到云彩之上阳光的温暖。胜利曙光就在眼前，小歪鼓足勇气，看向题目：

> 在《西游记》中，孙悟空的名称发生过哪些变化？

"从仙石中刚蹦出来时叫石猴，"书虫说，"进了水帘洞，自封美猴王。"

"悟空名号的变化，我好像整理过。"小歪皱起眉头，若有所思，"让我再想想！"

想着想着，小歪的脑海中逐渐浮现出表格内容：

孙悟空名称	名称由来	性格特点
石猴	从仙石中蹦出	勇敢、顽劣
美猴王	自封	志向远大、有王者气质
孙悟空	菩提老祖为其取名	聪慧、爱显摆
弼马温	官封	责任心强、骁勇善战
齐天大圣	自封	不惧权威、无法无天
行者	唐僧为其取名	本领高强、爱憎分明、有胆有识、自信果敢、勇往直前、永不妥协
斗战胜佛	西行成功后，获得封号	战胜私心，超脱

想到这儿，他自信地回答："孙悟空的名称共变化了六次，这和故事的发展有着密切的联系。名号不同的孙悟空，具有的性格特点也不一样。"

红色云朵飘过来，带着小歪悠悠然往上升。小歪只觉得视野越来越开阔，似乎连呼吸到的空气都更清新了。他深吸一口气，眼前出现了新的题目：

　　《西游记》中的许多故事都和"三"有关，比如"三借芭蕉扇""三打白骨精"等。为什么不写成孙悟空一借芭蕉扇就成功、一打白骨精就胜利，这样不是更能体现孙悟空的本领高强吗？

　　"三借芭蕉扇"和"三打白骨精"是小歪最喜欢的两个故事，不用细想，他便回忆起自己画的思维导图：

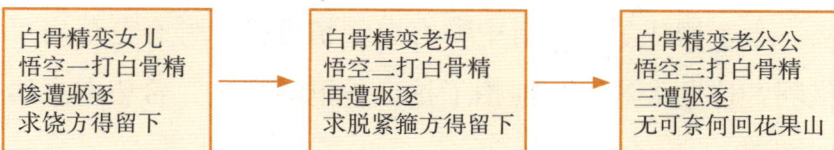

白骨精变女儿 悟空一打白骨精 惨遭驱逐 求饶方得留下	→	白骨精变老妇 悟空二打白骨精 再遭驱逐 求脱紧箍方得留下	→	白骨精变老公公 悟空三打白骨精 三遭驱逐 无可奈何回花果山

　　"如果打一次就成功，那也太没意思了！"小歪喃喃自语，"白骨精可厉害着呢，一次就被打死了，就体现不出她的狡猾了。孙悟空每打一次，遭遇驱逐和不被理解的可能就更大，可他依然坚持打白骨精，这更显出他的坚定。"

　　"有道理。"书虫从小歪的口袋里探出脑袋，悄悄在他耳边说，"在这个故事里，唐僧、猪八戒三次面对孙悟空打白骨精的态度也迥然不同。唐僧人妖不分，却坚持不能打白骨精，出家人的慈悲形象跃然纸上；猪八戒一个劲儿煽风点火的形象也入木三分。"

小歪不住地点头。的确，"三打白骨精"将白骨精、孙悟空、唐僧、猪八戒的形象都写活了，如果一打就成功，是无法达到这种效果的。

小歪自信地回答了题目，只见题板上出现了新的文字：

类似"三打白骨精""三借芭蕉扇"中的"三"，在你的生活中出现过吗？请举例说明。

小歪愣住了，生活中哪有白骨精可打，哪有芭蕉扇可借啊？这题太难了！他拍了拍口袋里的书虫，希望书虫给支支招。

书虫不假思索地对小歪说："这很简单，你想啊，就是要做的事情没能一帆风顺地完成呗！中间经历几次波折，不就像'三打白骨精'一样了吗？"

小歪恍然大悟："对啊！"

做什么事情经历了波折呢？小歪想着："这可太多了！学骑自行车的时候，第一回一爬上车就往下掉；第二回好不容易上去了，撞上个石头，摔倒了；第三回才勉强能骑行一小段路。上台表演节目的时候，因为紧张，台词没记住，一上去就闹了个大红脸；好不容易想起了台词，发现道具落在后台了；最后才磕磕绊绊地完成表演……"

小歪思考了半天，说："就拿这次读《西游记》来说吧，一开始，我对读《西游记》非常害怕，觉得书这么厚，又这么难懂，我不可能读完的，就心怀忐忑。好朋友书虫鼓励我，我就硬着头皮开始读。没想到读着读着，我便爱上了这个长长的故事。两个星期的时间，我觉得自己读得挺明白了，没想到到了这里，遇到了这么多题目，很多我一时还答不上来。等我回去，我会继续读《西游记》，读得更细致些……这也算读《西游记》的一波三折吧！"

话音落下，云彩之上的阳光更温暖了，红色云朵飘过来，带着小歪飞到了更高的台阶上。红色的光芒射向四面八方，天空更加绚烂，小歪一时竟睁不开眼睛。等眼睛适应了强烈的光芒，小歪眼前赫然出现了一个熟悉的身影——孙悟空！

孙悟空手持金箍棒，身披红斗篷，正耍得开心呢！只见那金箍棒在他手中转得飞快，宛若直升机上面的旋翼。似是看见小歪到来，他大喝一声"定"，转得飞快的金箍棒倏地立在地上，纹丝不动。

小歪无法抑制内心的喜悦，狂奔上去。孙悟空一见这小孩，习惯性地用右手在额前搭了个"凉棚"，大声吆喝：

"小孩，来自何方，姓甚名谁？"

"我，来自人间，名叫王小歪！"

孙悟空收起了金箍棒，拔下一根汗毛，吹了一口气，变出一张红色的卡牌："小歪！不错，不错！"

"你……真……真的是……孙悟空？"小歪激动得连话都说不清楚了！

"是俺老孙，如假包换！"孙悟空将红色的卡牌放到小歪手中，"这个送给你，恭喜你闯关成功。如果你想俺老孙了，可以对着这张卡牌召唤俺老孙，俺老孙带你上天入地打妖怪去！"

"哈哈，太好了！你能带我飞一次吗？"小歪用期待的目光看着孙悟空。

"当然可以！"孙悟空唤来筋斗云，带着小歪腾空而起，小歪的嘴巴都快咧到耳根了。

筋斗云好软啊，小歪忍不住在上头蹦蹦跳跳，一个不小心，竟然从筋斗云上蹦了下来。

"哎哟！痛死我了！"

这一蹦，小歪从床上蹦到了地上。哈哈哈，真是乐极生悲啊！

波光粼粼的书海世界消失了，孙悟空也不见了。正在懊恼之时，小歪发现自己手中握着一张红色的卡牌，上面

有手持金箍棒、身披红斗篷的孙悟空画像。

回想神奇的闯关经历，小歪忍不住会心微笑。他将红色的卡牌珍藏进抽屉里。

"小歪，需要集齐几张卡牌？"书虫从小歪的口袋里钻出来。

小歪说："书海世界里的那个声音告诉我，集齐七色卡牌，可以获得神秘大奖。它还说这么多年来，能集齐所有颜色卡牌的人少之又少。"

"那得努力试试！"书虫钻进了一本书里，"只要你请我吃好吃的，我就陪你看好书！"

小歪点点头："我也这么想。接下来我应该看哪本书呢？"

书虫从书里探出脑袋："书桌上的这些书都行，每一本我都了如指掌！"

小歪拿起这本看了看，又换那本看了看，一时拿不定主意。

"要不还从四大名著里选？"书虫建议道。

"还是选本薄一点的吧，这样我可以早一些去书海世界闯关。"小歪想也不想地回答。

第6章

黄色闯关
《俗世奇人》与盘点法

01

米粿高手外婆

小歪的话音刚落，门口就传来了敲门声和小诗的呼喊声："哥哥，快来做米粿啦！"

小歪冲书虫摆摆手，转身下楼。书虫靠在书上，回想着书海世界，熟悉的感觉再一次涌上心头。他疑惑地皱紧眉头，喃喃自语道："为什么我总觉得去过书海世界呢？不行，得让小歪抓紧时间看书。下次闯关时，我要去书海世界探个究竟！"

"舅舅休假要回家了！"小诗说，"他最喜欢吃米粿，外婆说让我们一起帮忙，在舅舅回来前把米粿做好。"

小歪跟着小诗，走进厨房。外婆正在淘米，柴火灶上，一大锅水正"咕噜咕噜"地冒着泡。

"外婆，我们做什么？"小歪问。

"先把豌豆剥了！"外婆一边指挥着，一边将淘好的米倒进大锅里，用铁铲来回划动。

小歪和小诗开始剥豆。豌豆绿油油的，在白色的陶瓷碗里调皮地滚动着。外婆洗洗手，在围裙上擦擦，开始切猪肉。不一会儿，大锅里的水又开始沸腾，外婆放下刀，又用铁铲在锅里来回划动。

待猪肉切好，外婆便开始用工具将锅里的米全部捞起、沥干。那米并未熟透，一粒粒晶莹剔透。外婆将锅里的米汤盛出来，熄了灶台底下的火，将沥干的米倒进锅里，加了几勺盐，开始用铁铲按压米粒。

小歪在一旁看着，不禁跃跃欲试："外婆，让我试一下，让我试一下！"

外婆便把铁铲递给了小歪。米粒们并不买小歪的账：他按左边，米粒跑向右边；他按右边，米粒又一股脑儿往左边跑，直逗得小诗哈哈大笑。

外婆见状，接过铁铲，继续忙碌起来。说来奇怪，那些米粒在外婆的铁铲下特别听话。不一会儿，原本零散的米粒们便成了凝在一块儿的圆饭团。外婆将饭团切成四份，分别搓成长长的一条，对小歪和小诗说："来，你们也来一起捏！"

小歪和小诗洗了手，一人一条，学着外婆的样子做了起来。只见外婆轻松地拧下一个小球大小的饭团，用大拇指一按，一个白白胖胖的米粿就做好了。小歪使劲一拧，一大块饭团掉了下来。用大拇指按是不可能了，小歪只好双手去捏，捏出来的米粿像一只胖乎乎的小猪。小诗将饭团捏得小极了，一眼看去，就像一只只毛毛虫。小诗和小歪你笑我的米粿，我笑你的米粿，一时间玩得不亦乐乎。

所有的米粿都捏好了。小歪和小诗看着外婆做的米粿，忍不住惊叹——这技术，也太厉害了！你看那一个个米粿，大小均匀，形状一致，乍一看，真像一群等待检阅的士兵呢！

外婆将豌豆、豆干、猪肉、笋尖、豆芽……放进锅里，用大火翻炒，顿时香气四溢，勾得小歪和小诗的口水不断往外流。

院子里，大黄"汪汪汪"地叫着。小歪跑出厨房门一看——舅舅回来了！

外婆将刚盛出的米汤倒回锅里，把米粿放进去。不一会儿，香喷喷的米粿羹就烧好了。

小歪、小诗、舅舅一人一碗，津津有味地吃了起来。

"外婆，你做的这个太好吃了！"小诗喝了一大口汤，满足地说。

"那是！"舅舅笑着说，"你外婆的手艺，在村里可

是排第一名的。"

"啊？"小歪好奇地看着外婆，"村子里做米粿也要比赛？"

外婆笑眯眯地看看舅舅，又看看小歪和小诗："别听你舅舅瞎说，村里哪有比这个的。"

舅舅冲小歪挤挤眼睛："我可没骗你，外婆做的米粿排第一，隔壁的阿婶做的杨梅汁最好喝，还有前面二婶做的煎饺，味道那叫一个绝，好吃得让你都想把舌头吞下去！"

"哇！"小歪忍不住惊叹，"真没想到，村子里卧虎藏龙！"

"那是，高手在民间！"舅舅得意地说，"有本书叫《俗世奇人》，讲的就是平凡世界中那些身怀绝技的普通人，你们看过吗？"

小歪和小诗一起摇头。

"那可得找出来好好看看，"舅舅笑着说，"看完你就会发现，冯骥才少写了一个奇人——你们的外婆，也是奇人级别的呢！"

02

狼吞虎咽读奇人

小歪想起书桌上正好有《俗世奇人》这本书。

他一吃完米粿，就飞奔回房间。翻出《俗世奇人》，拆开包装，哈哈，有两册。看看出版社——作家出版社，再看作者——冯骥才，呀！好熟悉的名字。对了，《珍珠鸟》不就是他写的吗？

小歪打开书看起来。

翻至目录，大部分故事的标题似乎都是人名，什么"苏七块""刷子李""张大力""冯五爷"……小歪径自翻过，翻到了《苏七块》。

故事不长，小歪很快便看完了。

这苏七块的确够特别，遇上伤筋断骨的病人，片刻工夫便手到病除。苏七块给人看病的要求很特别——看病之前，必须先奉上七块银圆！三轮车夫张四的手骨折了，疼得厉害，因为没有七块银圆，苏七块硬是不给治！

这医生，真特别！

小歪又翻到了第二个故事《刷子李》。刷子李是一位粉刷匠，和其他粉刷匠不同，他干活，身上从不会落上一点浆。最特别的是，每次干活他都穿黑衣服，如果黑衣服上有一个白点，他分文不取！这简直匪夷所思，连画画都可能让手上沾上颜料，更何况是刷整整一间屋子。偏偏刷子李做到了，要不怎么叫奇人呢！

小歪就这样一个接一个地看，他觉得自己仿佛正行走在天津卫的码头上，冯骥才爷爷正乐呵呵地向他介绍一个个特别的人物。

一下午的时间，他竟然将《俗世奇人》第一册全看完了。合上书，书虫在闷闷不乐地看着他。

书虫没好气地说："说好带我来度假，有好吃的会和我一起分享，中午的米粿我连一粒米都没吃到！想让你给我带点，你又钻到了书本里，怎么叫你都听不见！"

小歪有些不好意思地挠挠头："我马上去给你盛，我外婆和这书里的奇人们一样奇，她做的米粿堪称一绝！"

"这才对嘛！要牢牢记住——你请我吃好吃的，我陪你看好书！"书虫这才高兴起来。

03

奇人特征细盘点

　　小歪蹦跳着下楼，盛了一小碗米粿羹，往房间走去。他寻思着：这么快就读完了《俗世奇人》，我很快就可以去书海世界闯关了！

　　书虫吃着米粿羹，不住地感叹："豌豆鲜、猪肉香，米粿味道好！外婆的手艺，的确非同凡响！"

　　小歪自豪地点头。他看着书虫狼吞虎咽，询问道："书虫，我已经把《俗世奇人》的第一册看完了，明天早上我就能把第二册也看完。这两册书太简单了，一看完我就去书海世界闯关，你说行不？"

　　书虫擦了擦嘴巴："别那么着急啊，你只是这样快速浏览完一册书，怎么能行呢？对这样单独成篇又集中在一起的故事，读完之后需要做一些盘点！"

"盘点？咋盘点？"小歪一头雾水。

书虫指着《俗世奇人》，说："读完一本书，可以拿出一张纸，将印象最深刻的几点写下来，这是最直接的盘点法。"

小歪拿出一张白纸，略加思索，在纸上"唰唰唰"地写了起来：

1. 天津风味的语言
2. 形形色色的奇人
3. 出人意料的结尾

小歪把纸递给书虫："就这三条，这样就算盘点好了？"

书虫摇摇头："当然不是。有一句话是这样说的——'例子是最好的答案！'为了让你的盘点更完善，你可以在这三条后面举一些例子。"

"简单！"小歪收回纸，放到桌子上，继续写了起来：

天津风味的语言——每个故事里都有，随处可见。

形形色色的奇人——苏七块、张大力、刷子李、冯五爷、背头杨……

出人意料的结尾——张大力、酒婆、死鸟、蓝
眼、泥人张……

　　书虫蹲在小歪的白纸旁边，看了半天，皱着眉头说：
"你这样的盘点，没什么意义！"

　　"为什么？"小歪不服。

　　"你自己看！"书虫指着纸，"天津风味的语言没有举
例也就罢了。盘点形形色色的奇人，就只列举几个名字？"

　　"那还要怎样？"小歪惊讶地看着书虫。

　　"这些天津卫的奇人，他们的奇特之处一样吗？"书
虫问，"你既要列举名字，又要进行进一步的归纳整理。"

　　小歪将书翻到目录，看了半天："的确，可以根据每
个人的奇特之处进行整理。"

　　"说说看！"书虫说。

　　"比如说《苏七块》和《刷子李》，故事中的两个人
都是技艺高超、规矩独特。其他的故事就和这两个故事不
一样。"小歪指了指目录中的《苏七块》和《刷子李》。

　　小歪想了想，又说："还有这些，《张大力》是讲张
大力力气大，《好嘴杨巴》是讲杨巴说话本领强，《认牙》
是讲华大夫治牙技术好，《泥人张》是讲泥人张捏泥人技

术一流。这些可以归为一类。"

"对！"书虫说，"这样分析之后，你就可以将这些看似分散的故事串联起来，对故事的印象会更深。"

小歪点点头，带着《俗世奇人》来到书桌旁，摊开另一张白纸，在中间画上一个花边框，在框里写上一个大大的"奇"字。他盯着目录看，脑海中回想着故事内容，在花边框的周围写下了自己的分类：

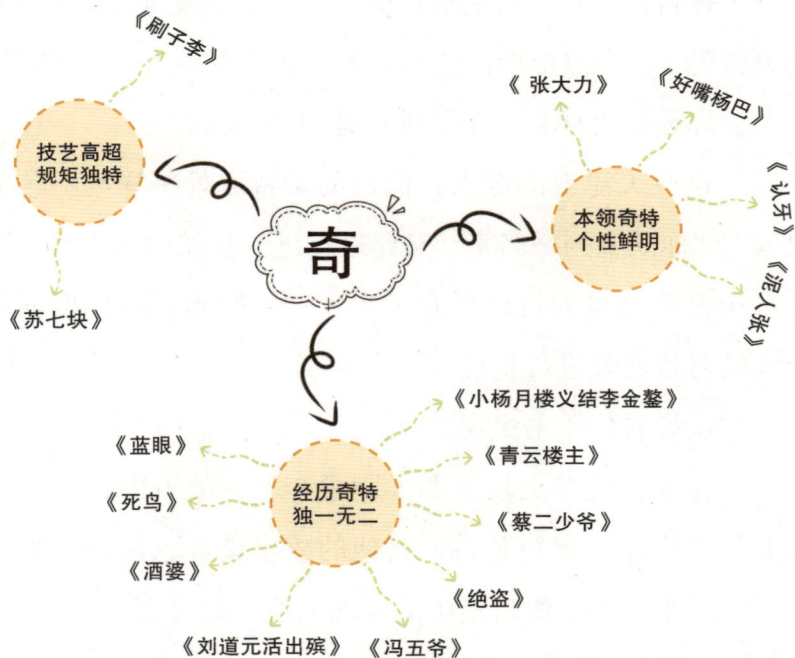

技艺高超 规矩独特 —— 《刷子李》《苏七块》

奇

本领奇特 个性鲜明 —— 《张大力》《好嘴杨巴》《认牙》《泥人张》

经历奇特 独一无二 —— 《蓝眼》《死鸟》《酒婆》《刘道元活出殡》《冯五爷》《小杨月楼义结李金鏊》《青云楼主》《蔡二少爷》《绝盗》

小歪把纸递给书虫："出人意料的结尾也需要这样整理吗？"

　　"不用！"书虫笑着说，"看到你对这些故事的分类，想必这些出人意料的结尾已经在你的脑海中了。"

　　小歪急于读完另一册《俗世奇人》，便去书桌上找书。不知为什么，另一册《俗世奇人》像长了翅膀一般，不见了。小歪在桌上桌下找了个遍，也没看见书的影子。

　　或许是老天爷听到了小歪心里迫切的呼喊，"派"来外婆帮小歪找书。外婆这个做米粿高手找东西也是一绝，从客厅的沙发缝里找到了。这可把小歪乐坏了，他捧着书回到房间，笑呵呵地对书虫说："待我读完，再这样细细盘点，我们就能去书海世界闯关了！"

04

闯关题目，小试牛刀

　　这天中午，小歪捧着彩色石头，喃喃自语："彩色石头，我已准备好了，带我去闯关吧！"

　　小歪将书虫揣进口袋，躺在床上。书虫的心跳得很快，长胡子一抖一抖的。这段时间，那种熟悉的感觉时常出现，他已经迫不及待地想要去书海世界了。

　　熟悉的感觉向小歪袭来，他眼前出现了晃动的波光。没过多久，他便站在了书海世界的大门口。循着熟悉的方向，他找到了书籍搜索装置，输入"SSQR"，屏幕上果然出现了《俗世奇人》的封面。小歪毫不犹豫地点了"确定"。

　　一张地图从书籍搜索装置中缓缓地冒出来，小歪用力将它拔下来，打开一看，原来是天津卫的老地图。

　　"欢迎你来到书海世界！本次闯关的要求是：拼出你手

中的地图。"熟悉的声音在小歪耳畔响起，"进入闯关区域后，你会发现很多标志性事物，每一个标志性事物背后都有相应的题目，你回答正确即可获得'俗世奇人'人物照片，将这些照片集中到一起，就能拼出完整的天津卫。加油吧！"

话音刚落，前面出现了一片广阔的黄色区域。小歪有些兴奋，他最喜欢玩这种"寻宝"游戏了。拍了拍口袋里的书虫，小歪慢慢地走进了这块黄色区域。

"标志性事物，会是什么呢？"小歪喃喃自语。

"可能是石头吧，这里到处是石头！"书虫猜测。

小歪在一块大石头上坐下，石头没有反应。他又使劲搬石头，石头纹丝不动，题目也没有出现。

"不是石头！"小歪放开石头，站在一边，环视四周，"一定是别的什么东西。"

"再往前走走，仔细看看再说！"书虫建议道。

小歪信步向前，不远处的一把大锁吸引了他的注意："我们去那里看看！"

小歪跑过去。那是一把青石大锁，很大、很沉。小歪围着锁走了一圈，看见锁上似乎刻着一些字，他凑近细看，只见上面写着"凡举起此锁者赏银百两"。

"哈哈，这是张大力举起过的大锁！"小歪兴奋地喊，"这肯定是标志性事物！"

　　"这么大的锁，张大力竟然能举起来，他真是大力士！"小歪围着锁又走了一圈，啧啧称赞。

　　"你想试试吗？"书虫笑着问。

　　"我肯定不行！"小歪看看自己的细胳膊，"不过，试试又没什么损失！"

　　小歪说着，走到锁前，扎好马步，用力想将大锁往上举——哈，原来这是石锁模具，看着很沉，其实还好。只听一阵"嚓嚓嚓"的声音响起，锁上刻字的地方竟然又冒出了许多文字。

　　小歪定睛细看，只见最上面写着：

　　　　猜猜这把锁和哪位天津卫奇人有关？

　　这太简单了！小歪不假思索地回答："张大力，和张大力有关！"

　　锁上的第一个问题渐渐淡去，出现第二个问题：

　　　　关于他的故事，你认为最吸引人的地方是什么？

　　"是结尾！"小歪回答，"故事一开始介绍了聚合成门口的青石大锁很沉，店家打出广告'凡举起此锁者赏银百两'，张大力前往举锁，并且真的把锁举了起来，这些都在情理之中。可是，在故事的结尾，石锁底下竟写着'惟张大力举起来不算'，太出人意料了！张大力为了看石锁底下的字，竟两次举起石锁，这更是令人不得不赞叹他的力气之大！这出人意料的结尾最吸引人！"

　　锁上的第二个问题也渐渐淡去，一行新的字出现在大锁上：

> 像这样出人意料的结尾，在《俗世奇人》中，你还能举出其他例子吗？

　　书虫拍了拍小歪的肩膀："看，例子，我让你整理过的！"

　　小歪冲着书虫笑了笑，胸有成竹地回答："比如《绝盗》，故事一开始，出场的是一对青年男女，小两口租房结婚。接着讲一个老头子带着两个十七八岁的小伙子，一边骂一边砸开了小两口的房门，并且以'爹'的身份，将房子里的东西全部搬了个空。故事的结尾，小两口回来，大家才知道那老头子根本不是小两口的父亲，他们是一伙小偷。出人意料！再比如《酒婆》，店家几十年卖假酒都相安无事，有一天良心发现，卖了真酒，结果却令人大跌眼镜。出人意料！"

　　小歪的话音刚落，石锁上的字便完全消失了，一张形状不规则的照片从大锁旁冒了出来，小歪捡起来一看，上面是个身材魁梧的男士——原来张大力长这样！

　　"放进口袋里吧，我们继续去寻找下一个标志性事物。"书虫说。

　　小歪把印有"张大力"的照片塞进口袋，继续向前走。

05

拼图闯关，一举两得

　　一个硕大无比的平台引起了小歪的注意，他对书虫说："去那边看看！"说着，带着书虫撒腿跑了过去。

　　平台看起来像一个大舞台，小歪在上面跑了一圈，累得气喘吁吁，蹲了下来。

　　"什么发现都没有啊！"书虫喃喃道。

　　"肯定有什么东西被我们忽略了。"小歪说着，站起身来，左顾右盼。

　　"小歪，你看！"书虫指着不远处，"那里像不像一个按钮？"

　　小歪跑过去，真的是一个按钮形状的突起。他毫不犹豫地用脚踩下了"按钮"，只听一阵隆隆声，地面升起一个漂亮的小舞台。舞台中央，灯光闪烁。

一个甜美的声音响起："欢迎你，可爱的小读者，我有两个问题想问你。第一个问题：有人说，《俗世奇人》就像是天津版的《星光大道》，你同意这个说法吗？"

小歪拍了拍书虫，回答道："我觉得这种说法有一定的道理！《星光大道》以'百姓自娱自乐'为宗旨，各行各业的普通劳动者，只要有一技之长，都可以登台亮相。这和《俗世奇人》很像。《俗世奇人》中也没有什么地位显赫的人物，几乎都是市井间有一技之长的老百姓，他们靠本事吃饭，活得坦坦荡荡。"

小歪顿了顿，继续说："不过它们也有不一样的地方，《星光大道》以展示百姓唱歌的技艺为主，《俗世奇人》却是各行各业荟萃，展示的奇人比《星光大道》中的精彩多了！"

舞台上的灯光闪烁得更快了，甜美的声音再次响起："那么，可爱的小读者，为展示《俗世奇人》中各行各业的奇人，冯骥才用了哪些典型的方法？"

小歪笑了："首先当然是运用天津味浓郁的语言风格。"他挺了挺胸脯，胸有成竹地说："天津话，很特别。《俗世奇人》中的天津话，特得劲。不信，你听：'好像'说成'赛'，'什么'说成'嘛'，'傲气'说成'牛'，'办法'说成'辙'，'放下'说成'撂'，'失败'说成'栽'。"

小歪顿了顿，接着说："作者还用了一个非常典型的方法，就是让每个故事都显得评书味浓郁。如果用评书的方式讲《俗世奇人》，一定非常合适！"

话音刚落，舞台上的灯光闪烁得更热烈了，舞台中间悠悠然飘落下了什么。小歪跑过去，捡起来一看，依旧是形状不规则的照片。顾不上细看，小歪将它塞到了口袋里。

闪烁的灯光消失了，舞台也渐渐消失了。

小歪带着书虫，继续前行。

一个茶碗形状的东西出现在小歪的视线中，他来不及多想，就飞奔过去——真的是一个茶碗，只不过比一般的艺术茶碗大，看起来像长在地上一般。

"这会是标志性事物吗？"书虫有些不解地问，"《俗世奇人》里提到茶碗了？"

"别吵，我仔细想想。"小歪说着，回想自己画过的思维导图，忽然，他灵光一闪，"我知道了，《好嘴杨巴》里有茶碗。"

"我们得试试看这里能不能找到题目。"小歪用手轻轻地敲了敲茶碗的边缘，茶碗竟然发出了清脆的声音。

"听到这个声音，看到这个茶碗，我就会想起杨七做的茶汤，那味道，简直绝了！"书虫看着茶碗，抖了抖长

胡须。

小歪可不管书虫，他跳起来，往茶碗里看，碗底有一些黑黑的东西。他手脚并用，爬到了茶碗上，碗底的黑色芝麻竟然快速动了起来，拼成了一些文字：

> 有人说冯骥才是一位武林高手，他笔下的天津卫人物，每一个都身怀绝学，出手时都一招制敌。请问好嘴杨巴有这种本领吗？

"身怀绝学，一招制敌？"小歪重复着这两个词，"书虫，哪个武林高手是这样的？"

"很多啊！"书虫脱口而出，"令狐冲会独孤九剑、郭靖会降龙十八掌，还有……"

"够了，够了！"小歪实在很难将"令狐冲"和"杨巴"联系到一起。

"杨巴怎么可能一招制敌呢！"小歪对书虫说，"你怎么看？"

"杨七倒是有可能。"书虫咽了咽口水，"杨七的手艺好，那两手绝活真的是绝了——他的茶汤制作方法特别，让人一直喝到见了碗底都能品尝到芝麻和秫米面的香味；

他放到茶汤里的芝麻全都炒过、压碎，所以特别香；那芝麻，焦黄不糊，粗细正好……噢，我都想回书里去喝几口茶汤了！"

"净想着吃！"小歪生气了，"现在问题问的是好嘴杨巴，和杨七有什么关系！"

书虫正喃喃地想说话，小歪忽然眼前一亮："不对，和杨七还真的有关系！你想啊，杨七的手艺好，地方府县道台才会带李鸿章前来品尝他做的茶汤。不对，这和杨巴一招制敌也没什么关系啊！"

小歪一边自言自语，一边在茶碗旁边来回踱步。

"在武林高手的世界里，一招制敌往往是在紧急情况下。"书虫提醒道，"杨巴面对的是紧急情况吗？"

一语惊醒梦中人，可不就是紧急情况吗？杨七的茶汤端上去了，中堂大人李鸿章没喝过带芝麻粒的茶汤，以为那是脏东西呢，甩手就把茶汤砸在地上。中堂大人发怒，一不小心就会让人掉脑袋的！

"哈哈，还真是需要一招制敌！"小歪忍不住笑出声来。

组织了一下语言，小歪用响亮的声音回答："好嘴杨巴的确能一招制敌，在当时的情况下，如果直接告诉中堂大人李鸿章那黑色的颗粒是芝麻粒，无异于让所有人都知道李鸿章没喝过茶汤，驳了他的面子；如果说黑色的颗粒就是脏东西，则更会让李鸿章怒火中烧。在这紧急关头，好嘴杨巴说：'中堂大人息怒！小人不知道中堂大人不爱吃压碎的芝麻粒，惹恼了大人。大人不记小人过，饶了小人这次，小人今后一定痛改前非！'他既把责任揽到了自己身上，又给足了李鸿章面子，这说话的艺术就是杨巴最厉害的绝招啊，难怪大家称他为'好嘴杨巴'！"

话音刚落，芝麻粒四散开来，忽然又聚集到了一起：

《俗世奇人》中还有谁有这种一招制敌的绝学？

小歪回想着自己盘点的资料，说："泥人张也有这样一招制敌的绝学，海张五挑衅他，在众人面前嘲笑他，他不动声色，第二天便捏了一二百个惟妙惟肖的海张五，堂而皇之地'贱卖海张五'，一招制敌，海张五毫无还手之力！"

文字不见了，两张形状不规则的照片出现在芝麻粒上。小歪飞快地捡起——照片上的人咧着嘴，笑得很欢。不用猜就知道，这是"好嘴杨巴"！另一张照片上则是一个捏着泥人的汉子，不用说，肯定是"泥人张"了！

小歪将照片塞进口袋，小心翼翼地从茶碗上下来，继续往前走。

06

附加题目，仿写奇人

口袋里的照片越来越多，书虫将它们全部叠在一起，冲小歪说："我们停一停吧，看看还缺少些什么形状！"

小歪停下脚步，将一叠形状不规则的照片从口袋里掏出来，放在旁边的石板上。书虫从口袋里钻出来，前前后后忙着拼图。

一张、两张、三张……当把所有的照片拼到一起时，小歪惊讶地发现：地图拼好了！一张完整的天津卫地图出现在面前！

"我们闯关成功了？"书虫惊讶地看着面前的地图。

"肯定不可能这么容易！"小歪说。

地图在石板上闪了闪，所有的照片竟然奇迹般地粘在了一起，变成了一张漂亮的、没有任何拼合痕迹的地图。

小歪看到地图反面有字，便将它翻了过来：

> 恭喜你找到了所有的拼图，要想成功闯关，还必须完成附加题目——请学着冯骥才写《俗世奇人》的方法，介绍介绍你身边的奇人。

身边的奇人？小歪还没回答，书虫就已经在口袋里鼓掌了："简单，这简单，外婆啊，做米粿一流的外婆！"

小歪第一个想到的也是外婆，可是因为紧张，他甚至想不起做米粿的第一步是干什么。不知道怎么做米粿，还怎么介绍外婆？小歪急得直跳脚。

书虫见小歪久久没有回答，便从口袋里探出脑袋。

"我不知道怎么做米粿，无法介绍外婆！"小歪不好意思地说。

"那就换个人啊！"书虫说。

"一时间还真想不起来介绍谁。"小歪抓抓后脑勺，"你有好的建议吗？"

书虫将长胡子甩了甩，不过片刻工夫，他便对小歪说："还记得我讲给你听的数学名师梁老师吗？他那一手画线的功夫算不算奇人绝招？"

小歪的脑海中闪过梁老师的影子，是的，梁老师有绝招——徒手画线。

一时间，小歪灵感迸发，他想起了很多身怀绝招的人物——楼下煎饺铺的煎饺大王、打水漂大王邻居哥哥、玩空竹高手公园老爷爷……那就选其中一个介绍吧！想到这儿，他大声说出了一段奇人奇事：

竹席沈[1]

菜场门口有一排店铺，都是卖锅碗瓢盆之类的，沈记竹席铺夹杂其中，有些格格不入，但它的生意最好，大家都叫老板为竹席沈。

沈大叔年近花甲，却依然身姿挺拔，精神矍铄。

沈记竹席铺卖两种竹席，一种是外面进的货，外观漂亮，价格实惠；另一种是沈大叔自己编的竹席，外观普通，价格高昂。要买他自己编的竹席，得先订货，按照竹席大小，分三五天取货不等。

我第一次去他店里，是因为妈妈想换一领竹席。

走进沈记竹席铺，只见左边按照价格被分成五六个竹席区，里头竖着各种外观精致的竹席；右边是一

---

[1] 编者注：本篇的小作者为鹿鸣小学的吴宇晨同学。

块很大的空地，地上铺满竹篾和一些我没有见过的工具，沈大叔正坐在中间，手上拿着一把厚重的大刀，处理着竹篾。

"老板，这席子能便宜一点吗？"一个拎着菜的阿姨问。

沈大叔头都没抬："不还价。"说着，他麻利地将一根略显粗糙的竹丝条从刀子前拉过。竹丝条听话地往前，表面登时变得无比光滑。

"哪有做生意不让还价的？"拎着菜的阿姨不满地说。

"一分钱一分货，我这店里的东西，都值这个价。"沈大叔抬起头回答，手上还在继续处理着竹篾。

拎着菜的阿姨嘟哝了些什么，又拿起席子翻看起来。

"沈老板，我想订一领手工席子。"妈妈走上前说。

"好的，要多大的？"沈大叔手中的活不停，"把席子大小写在那边的本子上，一周后来取。"

我帮妈妈取过本子，那是一个厚厚的本子，只剩最后两三页空白了。妈妈将席子的规格写了上去，问："要付点订金吗？"

"不用。"沈大叔依旧埋头干活，"我这里的规矩是话明说，不还价；彼此信任，不交订金。"

"你就不怕别人订了席子，不来取吗？"我忍不住问。

"不怕，"沈大叔笑着看了我一眼，"不愁卖。"

一个星期后，妈妈拿回了那领竹席。竹席光滑平整，散发着淡淡的竹子清香。炎炎夏日，睡在上面，清清爽爽。

石板上的地图缓缓地升起来，黄色区域慢慢地消失了。眼前依然是那个波光粼粼的水世界，依然是五颜六色的石头城堡。那张地图越升越高，越变越小，变成了一张黄色的卡牌，落在小歪手中。

"恭喜你，闯关成功！如果你以后还想来天津卫游玩，可以借助这张卡牌故地重游！"熟悉的声音在小歪耳畔响起。

小歪和书虫高兴地跳了起来。等回过神来，他们已经回到了房间里，小歪手中握着的是那张黄色的卡牌。

　　小歪小心地将黄色卡牌和之前获得的卡牌放在一起。书虫有些失落地躺在书中，尽管他依然觉得书海世界异常熟悉，但这趟闯关之旅并没有唤醒他的任何记忆。

第 7 章

橙色闯关
《汤姆·索亚历险记》与情节法

01

神奇故事是真的吗

夕阳将天边染得金灿灿的，火烧云上来了。疯玩了一天的大黄，镀着一身金光，小跑着回来了。

吃过晚饭，外婆给外公泡了茶，放在院子里的桌子上。小诗有点中暑，恹恹地坐在椅子上，外婆想用祖传的"扭扭功"帮小诗解暑，小诗怕疼，怎么都不肯。

邻居家的奶奶端着一大碗杨梅干走进院子，把碗递给外婆："今年刚晒的，有点酸，泡的时候给小诗多放点糖。"

外婆接过碗去了厨房，小歪好奇地跟了上去。

"给你也泡一杯杨梅汁，山上摘的土杨梅晒干泡水喝，解暑。"外婆拿出两个杯子，分别往里边放了些杨梅干，加了一大勺糖，倒了开水，空气中瞬间弥漫着一股酸酸甜甜的味道。

小歪和小诗一左一右地坐在外公身旁，一人一杯杨梅汁。

"外公，山上杨梅很多吗？"小歪问。

"每座山上都有杨梅树，端午节的时候，树上就挂满了杨梅。"外公喝了一口茶，"小溪对面的那座山上，原来有两棵很高的杨梅树，一棵结红杨梅，一棵结白杨梅。据说是一对很恩爱的夫妻变成的，结的杨梅特别甜。有一年，一个砍柴的人砍伤了红杨梅树，两棵杨梅树都生气了，便一颗杨梅都不再结了。"

"真的吗？"小歪和小诗瞪大了好奇的眼睛。

"当然是真的。"外婆把小诗喝完的杯子收回去，"这大山里神奇的事情可多了！"

"别听外婆瞎说！"舅舅从门外进来，"这些故事都是编的。"

"啊，编的？"小歪难以置信地看着外婆。

外婆恼羞成怒："谁说这是编的？都是真的！"

"在我小时候，你说小溪边的山洞里住着一个犯错的老神仙，如果我听话又能干，神仙会给我变糖吃。"舅舅喝了一口水，"那些糖是你从小店里买的吧！"

"后来，你说半山腰那个山洞里有很多的财宝，由一条大蛇守着，不让人靠近。"舅舅将水杯放下，"我和同学进去看过，里面啥都没有！"

"不说了，不说了！"外婆打着哈哈，转身往厨房走，"我给你们切西瓜！"

外公和舅舅哈哈大笑。

小歪被舅舅说的山洞吸引住了："舅舅，你真的到半山腰的山洞里去了吗？山洞里面是什么样？没有大蛇，有别的动物吗？"

舅舅笑眯眯地看着小歪："你想去？"

"想！"小歪和小诗异口同声地回答。

"好啊，等我忙完手头的工作，就带你们探险去！"舅舅大声说。

"那得等几天啊？"小歪有些不乐意，"不能先陪我们探险再工作吗？"

舅舅刮了刮小歪的鼻子，笑着说："舅舅手头的工作暂时放不下。这样吧，你去选一本探险小说看看，什么时候看完，我们什么时候去探险！"

"真的？"小歪眼珠一转，"说话算话？"

"一言既出，驷马难追！"舅舅伸出小指。小歪和舅舅异口同声："拉钩上吊，一百年不许变！"

"都这么大了，还像个小孩儿！"外婆在一旁假装责备舅舅。

02

探险小说你来选

小歪放下杯子，跑回房间，在书桌上寻找探险类的书，一边找一边呼唤着："书虫，书虫，快来帮我找探险小说！"

书虫慢吞吞地从书里钻出来，脸上写满了"不高兴"。

"你怎么了？"小歪奇怪地问。

"空气里都是杨梅汁酸酸甜甜的香味，我却喝不到！"书虫用酸溜溜的语气表达着不满。

小歪失笑："是我不对，是我不对！我又忘了'你请我吃好吃的，我陪你看好书'。这样吧，你帮我找一本好看的探险小说，我去给你泡杨梅汁！"

"一大杯！和你刚才喝的一模一样。"馋虫快要从书虫的嘴巴里钻出来了。

"行！"小歪乐呵呵地答应，"保证一模一样！"

"够意思！"书虫笑了，它的长胡子在书堆间翻动。

小歪端着杨梅汁走进房间，书虫面前工工整整地摆着三本书——《汤姆·索亚历险记》《格列佛游记》《假话国历险记》。

"选一本吧！"书虫接过杨梅汁，冲小歪指了指面前的书。

"哪一本好看？"小歪拿起三本书翻了翻，"最好一两天能看完，我选哪本好呢？"

书虫大口大口地喝着杨梅汁："看在如此美味的杨梅汁的面子上，我给你看看几本书的简介吧！"说着，书虫的长胡子抖动起来，小歪的面前出现了一个大表格：

书名	作者（国家）	故事内容	主人公
汤姆·索亚历险记	马克·吐温（美国）	汤姆幼年丧母，由姨妈收养。聪明顽皮的汤姆受不了姨妈和学校老师的管束，常常逃学闯祸。一天深夜，他与好朋友哈克到墓地玩耍，无意中目睹了一起凶杀案。因为害怕被凶手发现他们知道这件事，汤姆、哈克带着另一个小伙伴一起逃到一座荒岛上做起了"海盗"，弄得家里人以为他们被淹死了，结果他们却出现在了自己的"葬礼"上。经过激烈的思想斗争，汤姆终于勇敢地站出来，指证了凶手。不久之后，在一次野餐活动中，他与心爱的姑娘贝琪在一个岩洞里迷了路，整整三天三夜饥寒交迫，面临着死亡的威胁。后来他们终于成功脱险，和好友哈克一起找到了凶手埋藏的宝藏	汤姆
格列佛游记	乔纳森·斯威夫特（英国）	格列佛的经历非常奇特，他游历了小人国（利立浦特）、大人国（布罗卜丁奈格）、飞岛国、慧骃国，每一段经历都是一次有趣的奇遇	格列佛
假话国历险记	贾尼·罗大里（意大利）	小茉莉来到了一个极其古怪的国家——假话国。假话国的国王原是个海盗，占地为王，就怕人知道海盗的真正含义，了解他的底细。为了掩人耳目，他当上国王以后的第一件事就是修改字典，把所有字眼的意思都颠倒过来，"海盗"的解释变成了"好人"，"好人"的意思倒变成了"海盗"。小茉莉在假话国中历经艰难，终于彻底改变了假话国	小茉莉

03

借助情节梳理性格

　　"那就这本吧！"小歪拿起《汤姆·索亚历险记》，"我应该怎么读这本书呢？"

　　"读小说嘛，"书虫沉吟片刻，回答道，"可以借助故事情节梳理人物性格！"

　　"借助故事情节梳理人物性格很难吗？"小歪翻了翻《汤姆·索亚历险记》，"我们上语文课也要学这个呀，学了小小说《桥》，就要分析老支书的性格；学了《狼牙山五壮士》，就要分析五壮士的性格，我觉得这很简单啊！"

　　"的确，通过一个故事分析一个人的性格，这不难。"书虫点点头，"但在长篇小说中，故事情节很多，不同的故事折射的是人物不同的性格。这些性格交织在一起，就组成了一个立体的人物。"

"我懂你的意思了，"小歪说，"读整本书的故事，要从不同的故事内容中，分析同一个人物的多重性格。"

"就是这个意思。"书虫笑眯眯地点头，"拿起笔读书吧，读到有感触的地方，在边上记上一笔。做批注能让读书更高效！"

"这有何难！"小歪说着，捧起书本，专注地看了起来。

很快，他便看完了三章。他拿起笔，在其中一个句子下画了一条线：

这辈子我还从没见过这么调皮捣蛋的孩子！

"这句话是汤姆的波莉姨妈说的，用来形容汤姆再合适不过了！"小歪看了看在窗户边晒太阳的书虫，指着画线的句子说。

"这三章都在讲汤姆调皮捣蛋吗？"阳光暖暖地包裹着书虫，他的声音懒洋洋的。

"当然！你看，故事一开篇就讲汤姆偷果酱，他还趁波莉姨妈不注意偷偷溜走。"小歪把书翻给书虫看，"还有这些：偷偷去游泳、和小伙伴打架，被罚刷墙时，忽悠小伙伴帮着他刷……我觉得他就是个坏孩子，一天到晚就想着调皮捣蛋！"

书虫伸了个懒腰："我记得有一个大教育家叫卢梭，

他曾经说过这样一句话——要尊重儿童，不要急于对他做出或好或坏的评判。我也想把这句话送给你，不要急着给汤姆下'好孩子'或者'坏孩子'的定义，试着继续往下读，说不定你会有不同的发现呢！"

"那好吧！"小歪将书翻到第四章，继续埋头读了起来。

读完第七章的时候，小歪忍不住又抬头对书虫发起牢骚来："我觉得这本书就是写汤姆调皮捣蛋的，你看：第四章中，汤姆用玩具换背诵文章的黄票，骗奖励；第五章中，他在牧师朗诵的时候玩甲虫；第六章中，他假装生病不上学……马克·吐温真奇怪，为什么要写这么一个爱捣蛋的孩子呢？"

听着小歪喋喋不休地分析，书虫坐起身来，说："通过故事情节去分析人物性格，有一点很重要，就是得学会换个角度思考。"

"什么是换个角度思考？"小歪疑惑地问。

"就是……怎么说呢，你从刚才读过的故事里选一段内容，我解释给你听吧。"书虫说着，指了指打开着的《汤姆·索亚历险记》。

"那就这个用玩具换黄票，骗奖励的故事吧！"小歪回答道。

"好的。首先，我们得弄清楚故事内容……"

书虫话音未落，小歪就抢着说："我知道，背两节经文得一张蓝票，十张蓝票能换一张红票，十张红票能换一张黄票。用十张黄票，就可以换一本平装版的书。在这个学校里，只有一个德国男孩获得过这项殊荣，可他却因为用脑过度变成了智力障碍者。汤姆用玩具到其他同学那里换黄票，最后骗得了奖励。"

书虫冲小歪竖起了大拇指："你把故事概括得很完整。"

"可我只读出了汤姆的调皮。"小歪皱了皱眉头，"换个角度看，也还是调皮。"

"你想啊，如果通过正常途径，汤姆能获得奖励吗？"书虫启发道。

"当然不能，汤姆连一段文章都背不下来呢！"小歪回答。

"所以啊，汤姆只能想别的办法。"书虫说，"你不觉得他用玩具换黄票的办法挺巧妙的吗？"

"可这是作弊！"小歪反驳道。

"的确，作弊不对。"书虫点点头，"可是，作为一个孩子，他想要一样东西，通过各种办法去实现目标，也挺执着的。你想想你自己，爸爸妈妈不让你看漫画书的时候，你不也偷偷躲起来看吗？"

"这怎么会一样！"小歪低声喃喃道。

"差不多。换个角度看这件事，你会发现汤姆很有主意，知道自己想要什么，并且会通过努力去实现自己的目标。"书虫一本正经地总结。

小歪若有所思："也就是说，看待一个故事情节，要正反面相结合，既要看看汤姆的缺点，也要换个角度，想想缺点中是否也藏着优点。"

"对，就是这个意思！"书虫很高兴小歪明白了他的意思，他的胡子一翘一翘的，"横看成岭侧成峰。凡事换个角度思考，思路就会打开。"

"我明白了！"小歪也高兴起来，"待我试试你说的方法，看看我能读出几个不同的汤姆！"

04

修复闯关 1：
发现性格"两面派"

读完《汤姆·索亚历险记》，已经是三天后的夜晚了。小歪转了转有些僵硬的脖子，抬起头，正好看见天空中皎洁的明月。

"我读出了 N 个版本的汤姆！"小歪扯着书虫的胡子，"你看我的批注，密密麻麻的，那都是我的思考！"

书虫睡得迷迷糊糊，他含含糊糊地说了些什么，小歪听得并不真切。

"我想趁热打铁，现在就去书海世界闯关，你要和我一起去不？"小歪满脸兴奋地继续扯书虫的胡子。

书虫翻了个身，喃喃地说："你去吧，去吧，别打扰我睡觉！"

小歪对着窗台上的彩色石头，默念道："彩色石头，彩色石头，我想去闯关，我想去闯关！"

小歪躺在床上，眼前出现了熟悉的波纹世界，一切都像在水底的样子，摇摇晃晃，看得并不真切。随着波纹一圈一圈荡开，熟悉的彩色城堡出现在了小歪面前。

"欢迎你的到来！"熟悉的声音响了起来，"请选择闯关书籍。"

小歪来到大大的"点书台"前，熟练地输入"TMSYLXJ"，《汤姆·索亚历险记》的封面马上出现在眼前，小歪飞快地点了"确定"！

波纹荡漾的彩色城堡逐渐远去，眼前是一个漂亮的村庄，郁郁葱葱的树木高大挺拔，刺槐花热闹地开放着，空气中弥漫着花香。

不远处，一个巨大的望远镜状建筑矗立着，它大概有两层楼那么高，"镜头"朝着半空中。

小歪好奇地走近，绕着望远镜状建筑走了一圈，发现它的最底部有一个能让两三个人同时钻进去的洞。

小歪稍一犹豫，便钻到了洞里。洞内很干净，其他什么东西都没有，只有一级级盘旋向上的台阶。

沿着台阶向上走了不到十分钟，小歪来到了两个巨大的镜头前。说它们巨大，一点没错，两个镜头之间隔着半间教室那么长的距离。

"这望远镜这么大，两个镜头离得这么远，大概只有巨人才能用吧！"小歪伸手摸了摸望远镜。

这时，小歪忽然发现望远镜的两个镜头是不一样的——在阳光的照射下，一个镜头闪烁着七彩的光芒，另一个镜头却是空洞洞的。

小歪好奇地凑近那个空洞洞的镜头，它看起来和普通的水泥管道没什么不同。小歪又跑到另一个镜头前，探头望去，绚烂的颜色令他眼前一亮。他定睛细看，只见上面竟然是一道题目：

任务：修复万花筒

这个望远镜本是两个彼此联系的万花筒，因为种种原因，万花筒中间的连接处出现了问题。请你进入左边的万花筒世界，修复右边残缺的万花筒镜头。

"左边的万花筒世界？"小歪看着左边的镜头，"是让我钻进去的意思吗？"

小歪想起家里的万花筒玩具，试着用手转动这个镜头，没想到镜头真的转动了起来。随着镜头的转动，小歪像坐电梯一般慢慢地上升，眼前是一间盲盒屋子，里面摆放着大大小小的盒子。

"哈哈，拆盲盒？"小歪看着面前包装得一模一样的盒子，咧嘴笑了。

他拿起一个小盒子，迫不及待地打开，里面是一个汤姆的手办，他衣衫褴褛，衣服和裤子上满是灰尘。

小歪将手办从小盒子里取出来，几个饰品从里面掉了出来。小歪将饰品捡起来，见上面分别写着：冲动、聪明、狡猾、嚣张、冷静、贪财、本领高强、做事有谋略……

"这些饰品是做什么的？"小歪带着疑问，从小盒子里掏出纸质说明书，只见上面写着：

> 猜猜这是哪个故事中的汤姆？在这个故事中，汤姆是怎样的孩子？请将合适的饰品挂在他的身上。进行饰品装饰只有一次机会，装饰正确，你将获得"红色"望远镜镜头。

"什么故事？"小歪自言自语，将手中的手办翻来覆去地看，"看汤姆这个样子，像是刚打过架，让我仔细

想想。"

小歪在盲盒屋里来回走动，没过多久，他停了下来。"我想到了，是汤姆和那个城里孩子打架的故事。"

小歪干脆一屁股坐在一个大盲盒上，开始回忆故事情节。

小歪记得这个故事是从吵架开始的，那个男孩穿得太讲究，让汤姆觉得自己的衣服太破旧，于是他就一直不停地挑衅那个男孩，却迟迟不肯动手。

想到这里，小歪将写有"冲动""嚣张"的饰品挂在了汤姆身上。

"后来他们怎么样了呢？"小歪闭上眼睛，回想着两个男孩吵架的情形：汤姆在地上划定了界限，一定等男孩过了界限才动手。

小歪想起自己在这个故事旁边写的批注："即使是打架，汤姆也要做有理的一方。他不断地挑衅对方，让对方失去理智、主动挑战，他才动手。他甚至还从对方手上拿到两分钱，实在是聪明又狡猾，冷静又有谋略！"

想到这儿，小歪将手中剩下的饰品——依次代表"聪明、狡猾、冷静、贪财、本领高强、做事有谋略"，一股脑儿全挂在了汤姆身上。

挂上了饰品的汤姆看起来特别犀利，小歪忍不住笑了："又冲动又冷静，真难想象这样截然不同的性格，可以同时出现在一个人身上！"

他的话音刚落，对面的望远镜镜头竟然有了变化，原本黑洞洞的镜头闪烁着红色的光芒。

"我成功了！"小歪按捺不住内心的激动，将手办放在一边，朝最大的盲盒走去。

05

修复闯关 2：
探索"优秀品质"财宝

　　小歪走进盲盒群深处，伸手够了够最大的盲盒，它比小歪的个子还高些。小歪用力推它，将它移到一个稍空旷的地方，踮起脚尖，用力打开。

　　那是一个巨大的汤姆手办，站在一堆有"十"字记号的岩石旁边，脚边放着一个财宝箱。

　　手办太逼真了，小歪一下子便想起汤姆和哈克发现财宝箱的经过。他轻轻地抚摸财宝箱，忽然发现箱子似乎能打开。

　　"里面不会都是财宝吧！"小歪一阵激动，小心地将财宝箱打开——里面放着一张对折的纸条。

　　小歪将纸条打开，只见上面写着：

优秀的品质是最宝贵的财富。回想汤姆发现财宝箱的经过，你发现汤姆身上有哪些优秀的品质？将你的发现写在"珠宝"上，装满整个财宝箱，你将收获惊喜。

这太容易了！小歪一边回想着故事，一边组织着语言：

"哈克，那笔钱就在山洞中！"

哈克眼里好像要放出火光来了："汤姆，你再讲一遍！"

"钱就在洞中！"

……………

"汤姆，那我们立刻就走吧！"

"行。咱们必须准备点面包和肉，还带上咱们的烟斗，还应该要一两个小袋子，两三根风筝的绳子，再带点称为安全火柴的新鲜玩意儿。我跟你讲，上一次在洞里之时我就琢磨过好几回了，要是有那东西可能就好了。"

"**汤姆做事思虑周全。**"小歪拿起财宝箱里的笔，从盲盒中取出一块珠宝形状的东西，在上面认真地写上"做事思虑周全"六个字，并将它放进财宝箱中。

> "汤姆，咱们离开这个地方吧！"
>
> "你说什么？出去？白白地扔下那些财宝？"
>
> "对……扔下财宝吧。印第安·乔的鬼魂肯定在这儿徘徊，准不会错的。"
>
> …………

小歪已经想不起汤姆是怎么回答的了，不过，他清晰地记得汤姆没有离开，还不断地鼓励哈克，带着他继续往前探索。

小歪一边想，一边又取出三块珠宝形状的东西，分别在上面写上**"勇敢""有领导能力""擅长鼓励同伴"**，并将它们放进财宝箱中。

> 他们又在各个角落里找了一圈，最后坐下来了，垂头丧气。哈克想不出什么新主意来。
>
> 汤姆没有放弃，站起来继续仔细寻找。
>
> 过了一会儿，汤姆开了口："哈克，你看这里，这

块石头的黏土上沾满了脚印及一些蜡烛油，但是别的地方却什么也没有。这到底是什么原因？我可以发誓，那钱就在石头底下。我们应该从黏土这里开始挖。"

小歪想到这里，取出几块珠宝形状的东西，分别在上面工整地写上"细心""有毅力""永不言弃"，然后将它们放进财宝箱中。

就这样，小歪一边想，一边写，一边写，一边又细细回想。很快，财宝箱就满了，小歪将箱子合上，满怀期待地朝对面的望远镜镜头看去。阳光下，它除了炫目的红色光芒，还多了别的色彩。

"成功了！"小歪兴奋地朝对面的望远镜镜头跑去。他飞奔下台阶，钻进另一个镜头，沿着弯弯曲曲的台阶往上，探头往里看：果然修好了，里头的画面是那样生动！

06

修复闯关 3：
用情节串联性格

　　"这也太容易了吧！"小歪喃喃自语，伸手想转动镜头来变换画面。没想到，镜头一动不动。他又使劲转动，镜头依然没有变化。

　　"我就知道不可能这么简单！"小歪回头看刚才的盲盒屋，"完全修复的办法一定还在盲盒屋里！"

　　他以最快的速度回到盲盒屋里，四周依然是大大小小的盲盒，两个拆开的盲盒横在不远处。财宝箱盖着盖子，躺在打开的盲盒旁边。

　　"难道每一个盲盒都得打开？"小歪发愁了，"如果书虫在就好了，他一定能给我出一些好主意。"

　　小歪走到财宝箱旁边坐了下来，环顾四周，希望可以找到突破口。他的手下意识地抚摸着财宝箱的纹路，丝绒般的触感让他觉得舒服。

忽然，他觉得摸到的地方特别粗糙，低头一看，是财宝箱上的一个贝壳装饰物。这个贝壳和整个财宝箱的装饰似乎格格不入，还有些扎手。

小歪奇怪地又摸了摸贝壳，里面有东西！他用力地敲打着贝壳，又找出刚才写字用的笔，用力地抠贝壳的边缘。只听"嘣"的一声，贝壳掉了下来，一个钥匙形状的小东西和一张纸条跟着掉了出来。

小歪捡起"钥匙"，发现它被包裹得严严实实的，他尝试打开，却无从下手，只好将"钥匙"放到财宝箱上，又捡起了旁边的纸条。

只见纸条上面写着：

亲爱的小伙伴：

恭喜你即将完成望远镜的修复工作，你手中的钥匙，就是修复工作最后一环的工具。只要你将它插入对面的望远镜中，修复工作就大功告成了！

读《汤姆·索亚历险记》，需要带着阅读的"望远镜"，将人物的性格看清楚，看仔细；更需要启动的"钥匙"，将人物的性格串联起来，看全面。

　　你手中的钥匙被特殊的材料包裹着，你必须回答一个问题，如果你的答案被它认可了，它会自动打开外壳。否则，任何东西都无法打开它！

　　问题是：《汤姆·索亚历险记》中记录了汤姆的许多故事，这些故事向我们呈现了汤姆的各种性格。这些性格之间是否有联系？如果有，是怎样的联系？

　　期待你的回答，期待你的成功。加油吧，小伙伴！

　　"联系？"小歪站了起来，在盲盒之间来回踱步，"什么联系？"离胜利仅有一步之遥，他却苦无头绪，这让他有些烦躁。

　　他抓抓后脑勺，一屁股坐回盲盒上，努力让自己冷静下来。

　　片刻之后，他轻声说："我想到了一个词——成长，汤姆在不停地成长，小时候调皮捣蛋，慢慢长大后，变得聪明果敢。"

　　小歪期待地看着钥匙，它的外壳依然严严实实的，没有丝毫松动的痕迹。显然，自己的答案没有被认可。

"好吧，静下心来，再想想！"小歪鼓励着自己，闭上眼睛，回想和汤姆有关的每个故事、自己在每个故事旁写的每一条批注……忽然，他睁开眼睛："我想到了！"

小歪从盲盒上站了起来，大声说："**汤姆调皮捣蛋的每件事背后，都藏着他性格的另一面**。他好动，敢于挑战，遇到难题时喜欢不走寻常路。这样的性格让他成了孩子王，拥有了独特的领导力。"

小歪似乎看到钥匙晃了晃，他一阵激动，继续说："马克·吐温不是随意地写汤姆调皮捣蛋的故事，他是借这一个个故事，呈现一个狡黠勇敢、敢闯敢拼的男孩形象，为后面汤姆在山洞历险、打败坏蛋、发现宝藏这些惊天动地的举动做好铺垫。"

小歪的话音刚落，包裹着钥匙的外壳缓缓地打开了一些。

小歪的声音都有些颤抖了，他的语速变得很快："也就是说，马克·吐温借汤姆调皮捣蛋的故事，向我们展示了汤姆独特的性格。这些性格就像珍珠，单独一颗并不起眼，串在一起，就能闪烁耀眼的光芒。马克·吐温用这样的方法，逐渐塑造出与众不同的汤姆。因此，读故事的时候，我们会觉得：在山洞迷路时找到出口、发现宝藏这些了不起的大事，由汤姆来完成太正常不过了！"

"咔嚓"一声，外壳完全打开了，钥匙掉在了地上。

小歪不知道怎么形容此时的心情，他捡起钥匙，朝对面的镜头奔去。

几步冲上台阶，小歪又一次站在了另一边的镜头前，他像扫描仪一般上下检索，终于发现了钥匙的插孔。深吸一口气，他将钥匙插了进去，"咔嗒"一声，整个望远镜颤动了一下，仿佛一下子有了活力。

小歪轻轻地转动镜头。

动了！

真的修复成功了！

阳光下，两个望远镜镜头闪烁着迷人的光芒。小歪真希望自己成为巨人，能一探望远镜里的风景。

正想着，望远镜忽然晃动了起来，小歪紧张地靠在了墙上。就在一刹那间，墙上竟然长出一个枝状的小望远镜。小歪好奇地凑上前去——哈哈，能看见望远镜里的故事，汤姆的故事！同一个故事，两个镜头里的解说竟然完全不同！小歪像看电影一般，将整本书的故事完整地看了一遍。

"如果能把这个望远镜带回家就好了！"小歪感慨地说，"书虫一定会喜欢！"

这时，小歪忽然觉得手中多了个东西。他低头一看，

是一张卡牌，上面有望远镜，有汤姆，还有书里的其他人物。

"哈哈，我又获得了一张卡牌！"小歪开心地笑了。

这一笑，也让小歪醒了过来。

四周安静极了，窗户开着，凉爽的风带着花香在房间里漫步。小歪躺在床上，手中握着新得到的橙色卡牌。

名家名作里的
阅读密码

张祖庆 邱慧芬 著

拓展阅读手册

人民邮电出版社

北京

名家名作里的
阅读密码

可视化阅读策略

猜读法
- 读封面、目录，预测整本书
- 读一部分书的内容
- 根据内容做出一些预测
- 继续读书，验证预测

串联法
- 找出影响故事发展的关键人物
- 理清发生在他们身上的核心事件
- 找到众多人物和事件之间的关联

吞读法
- 遇到难读懂的地方，理解不了可以跳过
- 遇到与主要情节联系不紧密的大段文字，一扫而过
- 快速读完，读懂多少算多少，不必细究

共鸣法
- 多角度了解作者及其生活
- 联系自己的生活经验
- 展开想象，体会书中的情感

盘点法
- 确定对人物、物品、情节等的盘点角度
- 填入细节进行盘点，分类理解书中内容

背景法
- 读书后查阅相关影视剧等背景资料
- 了解故事的写作背景及作者的生活背景
- 将背景资料和书中的内容结合起来理解

情节法
- 关注书中不同的故事情节
- 分析同一个人物表现出的多种特点
- 从多个角度认识人物

目 录

1

猜读法

猜读法：读了封面、目录，对整本书写什么做一些预测，带着预测，开启阅读之旅；读了书的一部分内容，根据前文，预测后面的故事会怎样发展，再继续阅读。这样，读的过程就变成了验证自己预测的过程。

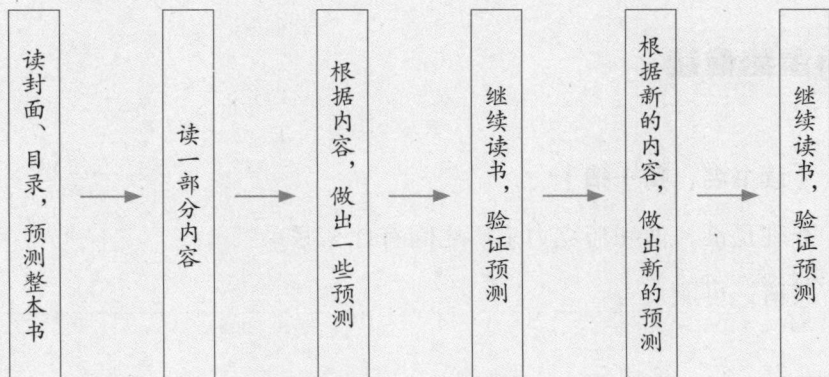

读封面、目录，预测整本书 → 读一部分内容 → 根据内容，做出一些预测 → 继续读书，验证预测 → 根据新的内容，做出新的预测 → 继续读书，验证预测

用"猜读法"读《查理和巧克力工厂》

《查理和巧克力工厂》　明天出版社

威利·旺卡先生拥有世界最大的巧克力工厂。为了寻找一位合适的接班人，威利·旺卡先生拿出五张金奖券，放入旺卡巧克力包装纸中，向全球发布。获得奖券的五位幸运儿童可以带自己的家人参观巧克力工厂。在参观的过程中，五个孩子之间将展开激烈的竞争，最后的胜利者将有机会接管威利·旺卡先生庞大的巧克力工厂。五个来自不同环境的、个性迥异的儿童因此齐聚巧克力工厂，他们将有怎样的经历，最终谁能成为威利·旺卡先生的接班人？请到书中寻找答案吧！

小歪陪你读

【读书名，猜一猜】

查理是谁，他和巧克力工厂之间有什么联系？

我猜，可能_____

【第 1 至第 4 章】

读到这里，我知道我的预测＿＿＿＿＿＿。查理是＿＿＿＿＿＿＿＿＿＿＿，

他和巧克力工厂之间的联系是＿＿＿＿＿＿＿＿＿＿＿。

读了 1-4 章，我获得了以下信息：

```
旺卡先生的巧克力工厂生产的巧克力既好吃又特别。
```

↓

```
旺卡先生为了防止巧克力工厂的秘密外泄，解雇了所有工人，
拒绝所有外人进入工厂，可巧克力工厂还在运营。
```

↓

```
谁在生产巧克力？
我的预测是：＿＿＿＿＿＿＿＿＿＿＿＿＿＿＿＿＿＿＿＿＿＿
```

【第 5 至第 12 章】

我没有找到上一个预测的答案，我打算继续阅读寻找。

五个获得金奖券的孩子如下。

第一位：奥古斯塔斯·格鲁普。贪吃且胖的男孩。

第二位：维鲁卡·索尔特。任性自私的小姑娘，父母无条件满

足她。

第三位：维奥莉特·博雷加德。嚼口香糖一刻也停不下来。

第四位：迈克·蒂维。沉迷于电视与破坏。

第五位：查理。来自贫困家庭，瘦弱，心地善良，坚强勇敢。

我预测＿＿＿＿＿＿＿＿＿将第一个被淘汰，因为＿＿＿＿＿＿＿＿＿

【第 13—17 章】

我找到了答案：没有了工人，负责生产巧克力的是_____

第一个被淘汰的是_____，他是因为_____被

淘汰的。

我预测_____将第二个被淘汰，因为_____

【第 18—21 章】

我的预测_____，第二个被淘汰的是_____，他是因为_____

_____被淘汰的。

我预测_____将第三个被淘汰，因为_____

【第 22—24 章】

我的预测_____，第三个被淘汰的是_____，他是因为_____

_____被淘汰的。

我预测_____将第四个被淘汰，因为_____

【第 25—27 章】

第四个被淘汰的是_____，他是因为_____被淘汰的。

我预测_____获得了巧克力工厂，因为_____

【第 28—30 章】

果然，我预测正确，_____获得了巧克力工厂。

用"猜读法"读《宝葫芦的秘密》

好书微剧透

《宝葫芦的秘密》　中国少年儿童出版社

小男孩王葆幻想得到一个宝葫芦，可以不费力气得到一切。一天他的愿望实现了，心里想要什么就有什么，他和同学下棋想吃掉对方棋子，棋子马上就飞到他嘴里；他想要钓到很多鱼，各种鱼儿马上装满他的钓桶……但宝葫芦不但没给他带来幸福，反而给他带来了许多麻烦。他毅然把宝葫芦丢弃。"轰"的一声后，王葆才发现这是自己做的梦，从此他改正了错误，认真学习，成了好学生。

小歪陪你读

据说，有了宝葫芦，想要什么就会有什么。

王葆在钓鱼的时候，意外获得了宝葫芦。

接着发生了什么，宝葫芦帮助王葆实现愿望了吗？

让我们一起看看吧。

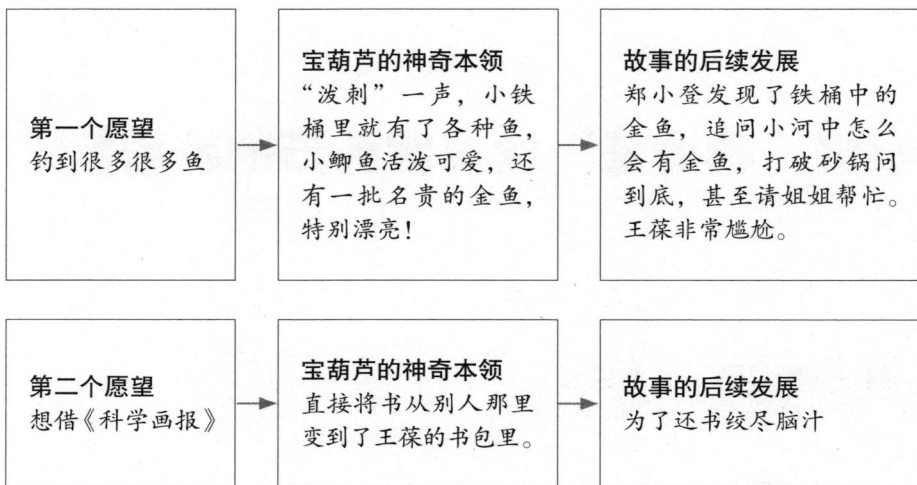

第一个愿望 钓到很多很多鱼	→	宝葫芦的神奇本领 "泼刺"一声，小铁桶里就有了各种鱼，小鲫鱼活泼可爱，还有一批名贵的金鱼，特别漂亮！	→	故事的后续发展 郑小登发现了铁桶中的金鱼，追问小河中怎么会有金鱼，打破砂锅问到底，甚至请姐姐帮忙。王葆非常尴尬。
第二个愿望 想借《科学画报》	→	宝葫芦的神奇本领 直接将书从别人那里变到了王葆的书包里。	→	故事的后续发展 为了还书绞尽脑汁

我的发现：_____

_____

猜猜：当王葆有其他愿望时，宝葫芦帮他实现了吗？故事又会有怎样的后续发展？

可以一边读，一边寻找王葆的愿望。然后停下来，猜一猜宝葫芦会怎么实现王葆的愿望，然后再到书中寻找答案。接着再猜，故事后续会怎么发展。猜完后，继续读书，从书中寻找答案。

王葆的愿望	宝葫芦的神奇本领	故事的后续发展
1.	1.	1.
2.	2.	2.
3.	3.	3.
4.	4.	4.
5.	5.	5.
6.	6.	6.
7.	7.	7.

读完了《宝葫芦的秘密》，填写完上表，我明白了一个道理：_____

2

串联法

　　串联法：找出影响故事发展的关键人物或核心物件，理清楚发生在他们身上的故事，找到彼此之间的关联，这样，一本书就会变成以人物或核心物件为脉络的图案，清晰呈现。核心人物，就像糖葫芦串的主干，所有其他人物，就像糖葫芦串上的糖葫芦。

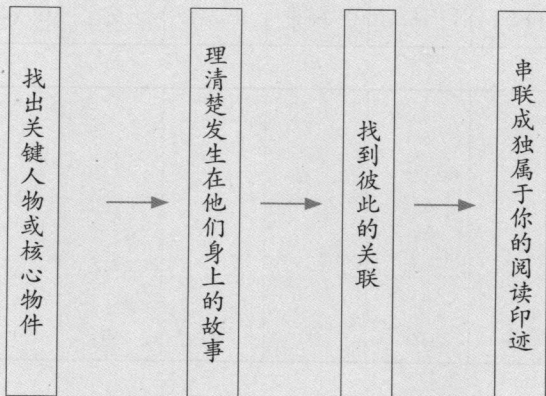

找出关键人物或核心物件　→　理清楚发生在他们身上的故事　→　找到彼此的关联　→　串联成独属于你的阅读印迹

用"串联法"读《城南旧事》

好书微剧透

《城南旧事》 人民文学出版社

《城南旧事》是著名作家林海音女士的经典自传体小说。它透过英子童稚的双眼观看大人世界的喜怒哀乐、悲欢离合。秀贞、兰姨娘、妞儿……形形色色的人物出现在英子的童年中，成为她人生中最难忘的一段记忆。

小歪陪你读

二十世纪二十年代末，六岁的小姑娘英子住在北京城南的一条小胡同里。《城南旧事》以英子的视角，记录了英子身边形形色色的人物故事。"英子"将他们串联在了一起。将这些人物的特点和经历的事写下来吧。

秀贞：＿＿＿＿＿＿＿＿＿＿＿＿＿＿＿＿＿＿＿＿＿

＿＿＿＿＿＿＿＿＿＿＿＿＿＿＿＿＿＿＿＿＿＿＿＿＿

妞儿： _____

_____

兰姨娘： _____

_____

德先叔： _____

_____

宋妈： _____

_____

厚嘴唇的年轻人： _____

_____

爸爸： _____

_____

妈妈： _____

_____

3

吞读法

书虫说策略

　　吞读法：在阅读的过程中，遇到与主要情节关联不大的内容，或者难以理解的地方，在不影响理解内容的前提下，以囫囵吞枣的方式来读，即：一扫而过，读懂多少算多少，一点都没有读懂也没关系。

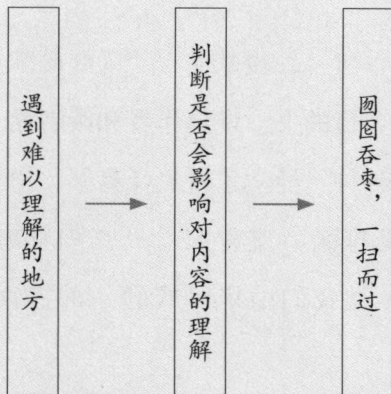

| 遇到难以理解的地方 | → | 判断是否会影响对内容的理解 | → | 囫囵吞枣，一扫而过 |

用"吞读法"读《红楼梦》

《红楼梦》 人民文学出版社

《红楼梦》是中国古代章回体长篇小说,中国四大古典名著之一。小说以贾、史、王、薛四大家族的兴衰为背景,以贾宝玉与林黛玉、薛宝钗的爱情婚姻悲剧为主线,展现了人性美和悲剧美,是一部从多个角度展现中国古代社会人生百态的史诗性著作。

小歪陪你读

鲁迅先生曾这样评价《红楼梦》:"《红楼梦》是中国许多人所知道,至少,是知道这名目的书。谁是作者和续者姑且勿论,单是命意,就因读者的眼光而有种种:经学家看见《易》,道学家看见淫,才子看见缠绵,革命家看见排满,流言家看见宫闱秘事。"周汝昌先生评价说:"《红楼梦》是我们中华民族的一部古往今来、绝无仅有的小说。"

作为四大名著之一的《红楼梦》,要读懂它并非易事。初读《红楼梦》，我们可以尝试"吞读法"。吞去哪些内容呢？生僻的字词、难以理解的古诗词、大段大段的景物描写、庭院住宅的环境布置、人物的着装打扮、各类食谱药方等，都可以囫囵吞枣，一扫而过。

《红楼梦》第三回《贾雨村夤缘复旧职 林黛玉抛父进京都》讲的是黛玉初入贾府的情景，《凤辣子初见林黛玉》就选自这一回。以这一回为例，我们一起来试试吞读法。

原文	可吞读内容
黛玉扶着婆子的手，进了垂花门，**两边是抄手游廊，当中是穿堂，当地放着一个紫檀架子大理石的大插屏。转过插屏，小小的三间厅，厅后就是后面的正房大院。正面五间上房，皆雕梁画栋。两边穿山游廊厢房，**挂着各色鹦鹉、画眉等鸟雀。台矶之上坐着几个穿红着绿的丫头，一见他们来了，便忙都笑迎上来，说："刚才老太太还念着呢，可巧就来了。"于是三四人争着打起帘笼。一面听得人回话："林姑娘到了。"	加粗部分可用吞读法。"抄手游廊"的意思不懂，不影响对故事的理解，可直接一扫而过。

原文	可吞读内容
不一时，只见三个奶嬷嬷并五六个丫鬟，簇拥着三个姊妹来了。**第一个肌肤微丰，合中身材，腮凝新荔，鼻腻鹅脂，温柔沉默，观之可亲。第二个削肩细腰，长挑身材，鸭蛋脸面，俊眼修眉，顾盼神飞，文彩精华，见之忘俗。第三个身量未足，形容尚小。**其钗环裙袄，三人皆是一样的妆饰。黛玉忙起身迎上来见礼，互相厮认过，大家归了坐，丫鬟们斟上茶来。不过说些黛玉之母如何得病，如何请医服药，如何送死发丧。	加粗部分描写的是三位姑娘的外貌，可吞读，知道三个人的大概模样即可。
一时黛玉进入荣府，下了车。众嬷嬷引着，便往东转弯，穿过一座东西穿堂，向南大厅之后，仪门内大院落，上面五间大正房，两边厢房鹿顶耳门钻山，四通八达，轩昂壮丽，比贾母处不同。黛玉便知这方是正经正内室，一条大甬路，直接出大门的。进入堂屋中，抬头迎面先看见一个赤金九龙青地大匾，匾上写着斗大的三个大字，是"荣禧堂"，后有一行小字："某年月日，书赐荣国公贾源"，又有"万几宸翰之宝"。大紫檀雕螭案上，设着三尺多高青绿古铜鼎，悬着待漏随朝墨龙大画，一边是金蜼彝，一边是玻璃盆。地下两溜十六张楠木交椅，又有一副对联，乃乌木联牌，镶着錾银的字迹，道是："座上珠玑昭日月，堂前黼黻焕烟霞。"下面一行小字，道是："同乡世教弟勋袭东安郡王穆莳拜手书。"	加粗部分描写的是荣府的环境，可吞读。

现在，请你试着用"_____"画出可以吞读的内容，并在右侧说明吞读理由。

原文	吞读理由
原来王夫人时常居坐宴息，亦不在这正室，只在这正室东边的三间耳房内。于是老嬷嬷引黛玉进东房门来。临窗大炕上铺着猩红洋毯，正面设着大红金钱蟒靠背，石青金钱蟒引枕，秋香色金钱蟒大条褥。两边设一对梅花式洋漆小几。左边几上文王鼎匙箸香盒；右边几上汝窑美人觚——觚内插着时鲜花卉，并茗碗痰盒等物。地下面西一溜四张椅上，都搭着银红撒花椅搭，底下四副脚踏。椅之两边，也有一对高几，几上茗碗瓶花俱备。其余陈设，自不必细说。	
看其（贾宝玉）外貌最是极好，却难知其底细。后人有《西江月》二词，批宝玉极恰。其词曰： 无故寻愁觅恨，有时似傻如狂。 纵然生得好皮囊，腹内原来草莽。 潦倒不通世务，愚顽怕读文章。 行为偏僻性乖张，那管世人诽谤？ 又曰： 富贵不知乐业，贫穷难耐凄凉。 可怜辜负好韶光，于国于家无望。 天下无能第一，古今不肖无双。 寄言纨袴与膏粱：莫效此儿形状！	

4

盘点法

盘点法： 读完书后，按照一定的主题、情节、人物特点等，对整本书进行分类盘点，让整本书像画一样清晰呈现。

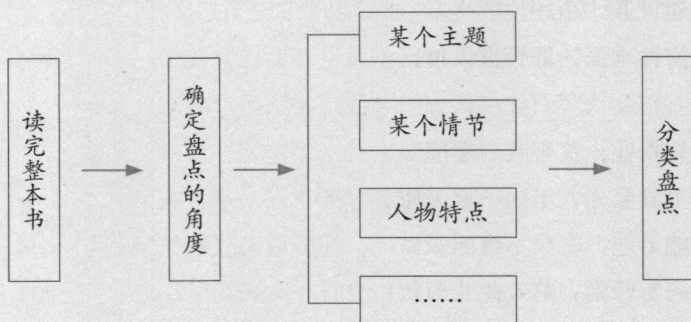

```
                                    ┌──────────┐
                                    │ 某个主题 │
                                    └──────────┘
┌──────┐    ┌──────────┐            ┌──────────┐            ┌──────┐
│读完整│ →  │确定盘点的 │  →         │ 某个情节 │     →      │分类盘│
│本书  │    │角度      │            └──────────┘            │点    │
└──────┘    └──────────┘            ┌──────────┐            └──────┘
                                    │ 人物特点 │
                                    └──────────┘
                                    ┌──────────┐
                                    │ ……       │
                                    └──────────┘
```

用 "盘点法" 读《吹小号的天鹅》

好书微剧透

《吹小号的天鹅》　上海译文出版社

路易斯是一只生来就是哑巴的雄天鹅。为了同别人交流，路易斯学会了在石板上写字。可是天鹅是不认字的，路易斯还是没办法向它心爱的雌天鹅塞蕾娜倾诉衷肠。为了帮助路易斯，天鹅爸爸从乐器店里偷来了小号。路易斯通过刻苦钻研、细心摸索，终于学会了吹小号。乐声不仅打动了塞蕾娜，也赢得了人们的尊敬与赞赏。

小歪陪你读

故事的名字叫《吹小号的天鹅》，围绕"小号"，我们可以这样盘点。

一、得小号

1. 谁送的小号？

2. 为什么送小号？

_____

3. 小号是从哪里来的？

_____

二、学小号

1. 怎么学会吹小号的？

_____

_____

2. 吹得怎么样？

_____

三、用小号

1. 赚钱

①为什么要赚钱？

_____

②通过哪些方法赚钱？

_____

2. 获得塞曹娜的芳心

用"盘点法"读《我亲爱的甜橙树》

好书微剧透

《我亲爱的甜橙树》 天天出版社

六岁的泽泽聪明而早熟，这个天性敏感的男孩，喜欢西部电影，喜欢唱歌，总是在自己的"幻想世界"里排遣生活中的不如意和委屈，他甚至发现了一棵"会说话的甜橙树"，每当挨罚的时候他就去找甜橙树聊天……直到有一天，他发现了"这个世界上他最喜欢的人"——老葡。老葡取代了那棵"小甜橙树"，成为他最想念的倾诉对象。他发现，原来现实生活中也能感受到温柔与爱，但是坏消息突然来临：先是因为修路而要砍掉小甜橙树，接着老葡突遇车祸。幻想世界中的爱，现实生活中的爱，都突然离开了他。

小歪陪你读

故事的主人公叫泽泽，读完整本书，你会发现，对于这个六岁的小男孩，大家对他的评价截然不同。围绕"大家对泽泽的评价"，我们可以从正面评价和反面评价两个角度着手盘点。

我们可以摘录书中人物对泽泽的评价。

正面评价

人物	评价语言
艾德蒙多（泽泽的伯伯）	你前程远大，小坏蛋，你的这个名字可不是随便取的，你会是一个太阳，众星都围着你闪耀。
塞西莉亚·派姆小姐	读得最好的学生。
奥利奥瓦多	
老葡	你是一个勇敢的小男子汉，小家伙。

反面评价：

人物	评价语言
托托卡（四哥）	
拉拉（大姐）	
爸爸	
妈妈	

为什么同一个泽泽，大家会有截然不同的评价呢？静下心来想想整个故事，说说你的发现吧。

_____

_____

_____

_____

_____

_____

5

情节法

情节法：读整本书里的故事，梳理故事情节。从每个故事情节中，分析人物的性格特点。也可以将不同故事情节中的人物对比着看，人物的形象会更加丰满。

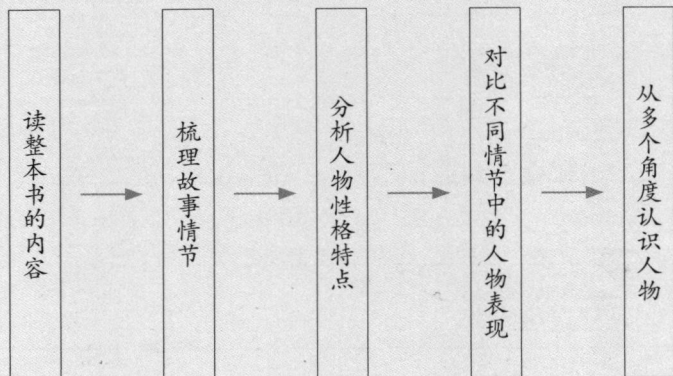

读整本书的内容 → 梳理故事情节 → 分析人物性格特点 → 对比不同情节中的人物表现 → 从多个角度认识人物

用"情节法"读《童年》

《童年》　人民文学出版社

《童年》是苏联作家高尔基以自身经历为原型创作的自传体小说三部曲之一。该作讲述了阿廖沙（高尔基的乳名）三岁到十岁这一时期的童年生活，生动地再现了十九世纪七八十年代沙俄底层人民的生活状况。

阿廖沙三岁时失去了父亲，母亲瓦尔瓦拉把他寄养在外祖父卡什林家。外祖父专横暴躁，两个舅舅米哈伊尔和雅科夫为了分家和侵吞阿廖沙母亲的嫁妆而不断地争吵、斗殴。幸好外祖母善良公正，热爱生活，给予阿廖沙无限的爱和温暖。在这里，阿廖沙认识了乐观、纯朴的小茨冈，正直的老工人格里戈里，优秀的"好事情"等。

后来，母亲改嫁，阿廖沙随母亲生活。继父对母亲不好，贫困和疾病也吞食着母亲的健康。阿廖沙在家中感受不到温暖，和继父也不合，便又回到外祖父家中生活。为了糊口，阿廖沙放学后同邻居的孩子们合伙拣破烂卖。

阿廖沙母亲逝世，他埋葬了母亲以后，不久便到"人间"去谋生。

《童年》的主人公是阿廖沙，讲述的是阿廖沙的成长经历。我们可以梳理阿廖沙成长中的主要事件，站在阿廖沙的角度，直面他所经历的苦难。

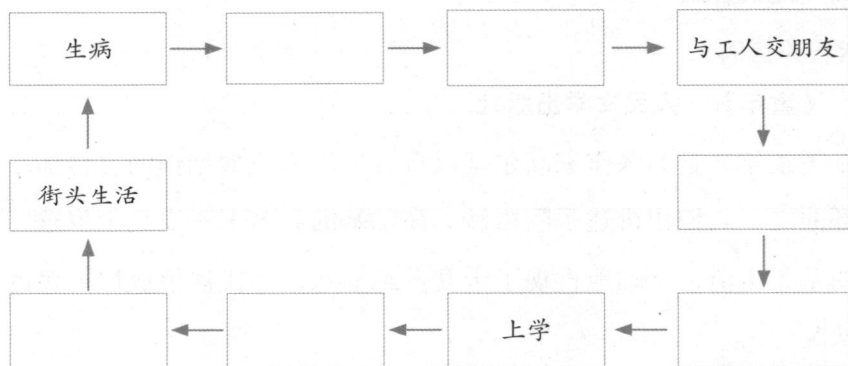

```
┌─────────┐     ┌─────────┐     ┌─────────┐     ┌───────────┐
│  生病   │ ──▶ │         │ ──▶ │         │ ──▶ │ 与工人交朋友 │
└─────────┘     └─────────┘     └─────────┘     └───────────┘
     ▲                                                  │
     │                                                  ▼
┌─────────┐                                       ┌───────────┐
│ 街头生活 │                                       │           │
└─────────┘                                       └───────────┘
     ▲                                                  │
     │                                                  ▼
┌─────────┐     ┌─────────┐     ┌─────────┐     ┌───────────┐
│         │ ◀── │         │ ◀── │  上学   │ ◀── │           │
└─────────┘     └─────────┘     └─────────┘     └───────────┘
```

梳理了阿廖沙成长中的主要经历，我们可以通过其中的某一个经历，感受阿廖沙的勇敢坚强，也可以通过几个经历的比较，感受高尔基笔下的"铅样沉重的丑事"，还可以站在阿廖沙的角度，对苦难环境中的优秀普通人物做一个介绍。

阿廖沙的这个经历让我感受到了他的勇敢坚强：

_____

_____

我比较了阿廖沙的这几段经历，感受到了：

用"情节法"读《小王子》

《小王子》 上海译文出版社

《小王子》是法国作家安托万·德·圣-埃克苏佩里的作品。故事叙述者是个飞行员，六年前，他因飞机故障迫降在撒哈拉沙漠，遇见了小王子。神秘的小王子来自另一个星球。飞行员讲了小王子和他的玫瑰的故事；小王子为什么离开自己的星球；在抵达地球之前，他又访问过哪些星球。飞行员转述了小王子在六个星球的历险，他遇见了国王、爱虚荣的人、酒鬼、商人、点灯人、地理学家、蛇、三片花瓣的沙漠花、玫瑰花园、狐狸、扳道工、商贩以及故事的叙述者飞行员本人。

飞行员和小王子在沙漠中共同拥有过一段极为珍贵的友谊。当小王子离开地球时，飞行员非常悲伤。他一直非常怀念他们共度的时光。他为纪念小王子写了这个故事。

小歪陪你读

《小王子》故事篇幅不长，梳理故事情节，能帮助我们更好地把握故事的脉络。

　　比如，我们可以围绕"小王子的旅行路线图"进行梳理。

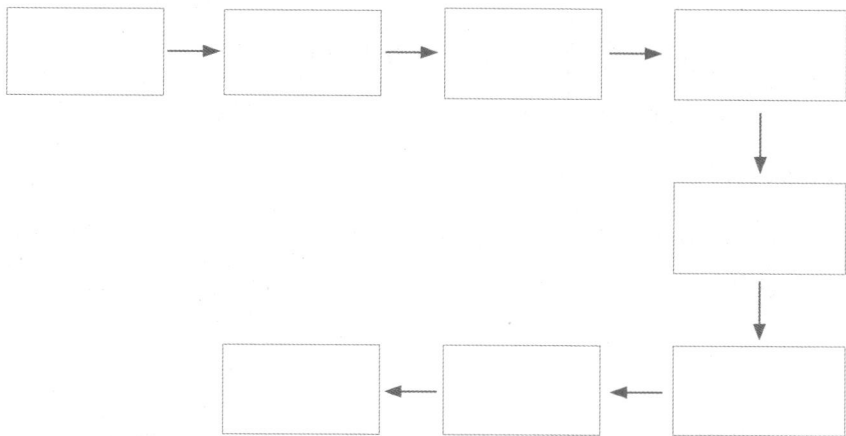

```
┌────────┐   ┌────────┐   ┌────────┐   ┌────────┐
│        │──→│        │──→│        │──→│        │
└────────┘   └────────┘   └────────┘   └────────┘
                                            │
                                            ↓
                                       ┌────────┐
                                       │        │
                                       └────────┘
                                            │
                                            ↓
┌────────┐   ┌────────┐   ┌────────┐
│        │←──│        │←──│        │
└────────┘   └────────┘   └────────┘
```

　　飞行员"我"降落在大沙漠中，遇到了小王子。"我"和小王子一起做了些什么呢？我们也可以紧扣这一内容进行梳理。

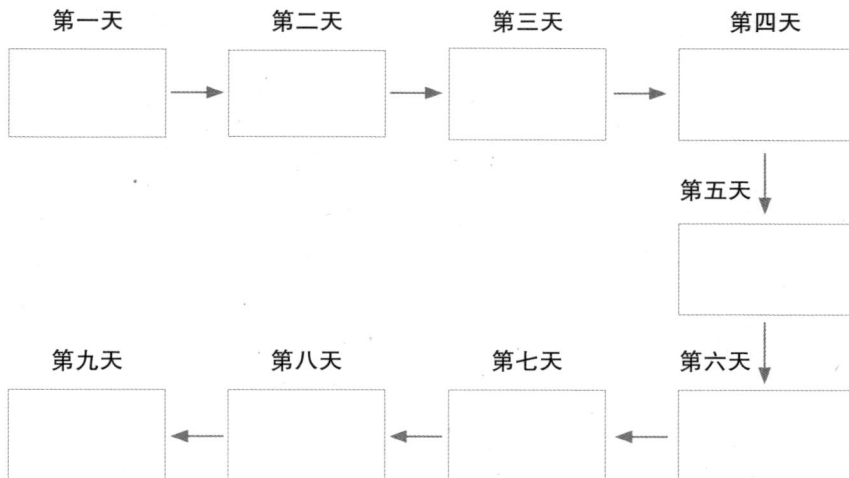

```
 第一天         第二天         第三天         第四天
┌────────┐   ┌────────┐   ┌────────┐   ┌────────┐
│        │──→│        │──→│        │──→│        │
└────────┘   └────────┘   └────────┘   └────────┘
                                        第五天 │
                                            ↓
                                       ┌────────┐
                                       │        │
                                       └────────┘
 第九天         第八天         第七天    第六天 │
┌────────┐   ┌────────┐   ┌────────┐   ┌────────┐
│        │←──│        │←──│        │←──│        │
└────────┘   └────────┘   └────────┘   └────────┘
```

小王子出场的时候，说："对不起……请给我画只绵羊！"然后，飞行员"我"便给小王子画了很多只羊，小王子都不满意。最后，"我"不耐烦了，给小王子画了一个盒子，没想到小王子非常开心，他说在这个盒子里看到了绵羊，正是他想要的模样。

从这个故事情节中，我们看到了小王子和大人很不一样，他有着孩子特有的天真和丰富的想象力。

从这一情节想开去，试着将小王子当成孩子的代表，梳理他和大人之间的不同。

梳理角度	孩子	大人
聊天内容	蟒蛇、原始森林、星星	桥牌、高尔夫、政治、领带
具有难度的任务		
活着的目的		
……		

6

背景法

背景法：阅读图书后，查阅相关影视剧等背景资料，了解故事的写作背景，了解作者的生活背景，将它们和书中的内容结合起来理解。这样阅读，能获得不一样的体验。

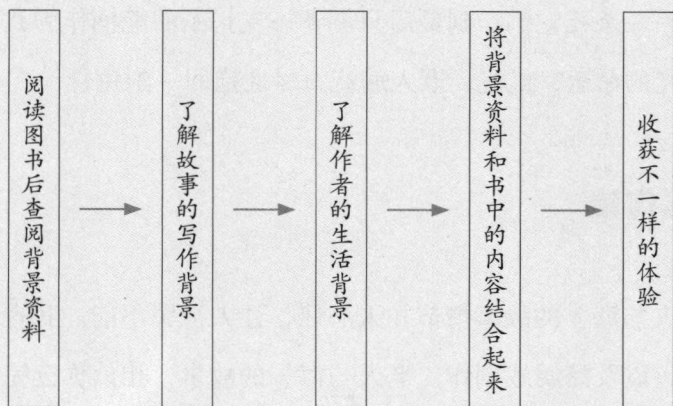

阅读图书后查阅背景资料 → 了解故事的写作背景 → 了解作者的生活背景 → 将背景资料和书中的内容结合起来 → 收获不一样的体验

用"背景法"读《老人与海》

好书微剧透

《老人与海》 作家出版社

《老人与海》是美国作家海明威的中篇小说。风烛残年的老渔夫圣地亚哥一连八十四天都没有钓到一条鱼，但他仍不肯认输，而是充满奋斗精神，终于在第八十五天钓到一条身长十八尺，体重一千五百磅的大马林鱼。大鱼拖着船往海里走，老人死拉着不放，即使没有水，没有食物，没有武器，没有助手，左手抽筋，他也毫不灰心。经过两天两夜之后，他终于杀死大鱼，把它拴在船边。但许多鲨鱼立刻前来抢夺他的战利品。他一一杀死它们，到最后只剩下一支折断的舵柄作为武器。大鱼难逃被吃光的命运，最终，老人筋疲力尽地拖回一副鱼骨头。

小歪陪你读

《老人与海》的故事情节扣人心弦，让人欲罢不能。我查找了海明威的资料，以及海明威创作《老人与海》的故事，相信你读完，对《老人与海》有更深的理解。

《老人与海》是一个真实的故事

据说，《老人与海》是根据真人真事写的。第一次世界大战结束后，海明威移居古巴，认识了老渔民格雷戈里奥·富恩特斯。1930年，海明威乘的船在暴风雨中沉没，富恩特斯搭救了海明威。从此，海明威与富恩特斯结下了深厚的友谊，并经常一起出海捕鱼。

1936年，富恩特斯出海很远捕到了一条大鱼，但由于这条鱼太大，在海上拖了很长时间，结果在归程中被鲨鱼袭击，回来时只剩下了一副骨架。

1936年4月，海明威在《乡绅》杂志上发表了一篇名为《碧水之上：海湾来信》的散文，其中一段记叙了一位老人独自驾着小船出海捕鱼，捉到一条巨大的大马林鱼，但鱼的大部分被鲨鱼吃掉的故事。当时这件事就给了海明威很深的触动，并觉察到它是很好的小说素材，但一直没有机会动笔写。14年后，海明威用了8周时间，完成了享誉至今的《老人与海》。

海明威：不能被打败的作家

海明威的一生经历丰富，他像是一位不能被打败的作家。

小时候，他喜欢看拳击比赛，看得多了，便上场与其他选手对打，尽管手指被打折也决不放弃；长大后，他去西班牙看斗牛表演，看得激动了，便毫无畏惧地上场参与斗牛。他和当地人一起去打猎，不幸遇到了狮子，他差点被一口活吞，结果，他刚一脱险便去猎杀更危险的豹子。

内战爆发后，海明威辞去记者工作，去意大利当红十字会司机，结果被炮弹击中，又惨遭机关枪扫射，做了13次手术，取出了230多块弹片。

二战期间，飞机失事，正赶上诺曼底登陆，海明威趁乱混入前线，不要命地冲锋陷阵。

1941年，美国加入二战，他马上请求加入海战，带着一班兄弟当卧底，监视敌情。

中国对日宣战时，他冒着枪林弹雨来中国采访。

到了晚年，海明威路都走不稳了，遇到森林火灾，他义无反顾地加入灭火队伍中。

结合这两则资料，对于《老人与海》的故事，你有新的感受吗？把它记录下来吧。

作品：《老人与海》

主要故事情节：＿＿＿＿＿＿＿＿＿＿＿＿＿＿＿＿＿＿＿＿＿

＿＿＿＿＿＿＿＿＿＿＿＿＿＿＿＿＿＿＿＿＿＿＿＿＿＿＿＿＿

＿＿＿＿＿＿＿＿＿＿＿＿＿＿＿＿＿＿＿＿＿＿＿＿＿＿＿＿＿

＿＿＿＿＿＿＿＿＿＿＿＿＿＿＿＿＿＿＿＿＿＿＿＿＿＿＿＿＿

作者身世或作品背景：＿＿＿＿＿＿＿＿＿＿＿＿＿＿＿＿＿

＿＿＿＿＿＿＿＿＿＿＿＿＿＿＿＿＿＿＿＿＿＿＿＿＿＿＿＿＿

＿＿＿＿＿＿＿＿＿＿＿＿＿＿＿＿＿＿＿＿＿＿＿＿＿＿＿＿＿

＿＿＿＿＿＿＿＿＿＿＿＿＿＿＿＿＿＿＿＿＿＿＿＿＿＿＿＿＿

对这个作品我有了哪些深入的认识：＿＿＿＿＿＿＿＿＿＿

＿＿＿＿＿＿＿＿＿＿＿＿＿＿＿＿＿＿＿＿＿＿＿＿＿＿＿＿＿

＿＿＿＿＿＿＿＿＿＿＿＿＿＿＿＿＿＿＿＿＿＿＿＿＿＿＿＿＿

＿＿＿＿＿＿＿＿＿＿＿＿＿＿＿＿＿＿＿＿＿＿＿＿＿＿＿＿＿

＿＿＿＿＿＿＿＿＿＿＿＿＿＿＿＿＿＿＿＿＿＿＿＿＿＿＿＿＿

背景法适用于很多书。比如，了解安徒生的身世，再去解读《丑小鸭》，会对丑小鸭有更深入的理解；了解《鲁滨逊漂流记》的原型，再去读，会对鲁滨逊的故事有更深刻的理解；了解《战马》的写作背景，会对作者的创作意图有更深刻的理解。

选读下列作品中的其中一部（或自己选一部最想读的经典名著），深入了解相关背景或作者身世，重读作品，你会有哪些新的认识。

作品	主要故事情节	作者身世或作品背景	对这个作品我有了哪些深入的认识
《丑小鸭》			
《战马》			
《鲁滨逊漂流记》			
（自己选一本）			

7 共鸣法

共鸣法：在阅读的过程中，多角度了解作者及其生活，联系自己的生活经验，展开想象，体会书中的情感，从而更好理解图书内容的方法。

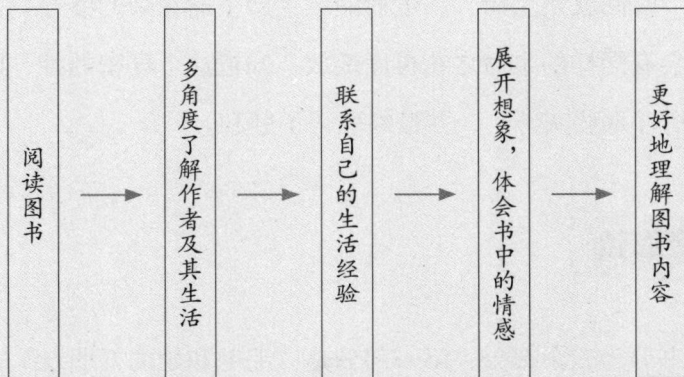

阅读图书 → 多角度了解作者及其生活 → 联系自己的生活经验 → 展开想象，体会书中的情感 → 更好地理解图书内容

用"共鸣法"读《毛毛》

《毛毛》 二十一世纪出版社

《毛毛》是德国作家米切尔·恩德的作品，讲述了时间窃贼和一个小女孩之间不可思议的故事。毛毛是一个不知年龄、不知来自何方的小女孩，她拥有常人所没有的灵敏听力，她只用倾听的方式就能解决朋友们的问题和纷争。由于人们受城市里无处不在的灰绅士蒙骗，醉心追求所谓合理化、机械化的生活，置亲情与良心不顾。于是毛毛冒着生命危险，见到了时光老人侯拉师傅，在时间王国里她发现了世界和人类的大秘密，即"时间就是生命"。生命的诞生即生命花朵的盛开，当生命结束时，又会有同样的生命之花再度绽放。知道这个秘密的她，回到了现实世界，勇斗那些灰绅士，并最终取得了胜利。

小歪陪你读

这本书分为三个部分：第一部分是"毛毛和她的好朋友"，第二部分是"灰绅士"，第三部分是"时间花"。读每部分内容，都可以联系自己的生活实际，从而更好地理解故事中蕴含的哲理。

举个例子。

在第一部分"毛毛和她的好朋友"中，最吸引我的是毛毛和伙伴们的相处方式，以及她和贝波、吉吉之间的友情。

一个人即使有再多朋友，他们中间肯定也总有几个跟他特别亲近，特别要好。毛毛的情况也是一样。她有两个特别要好的朋友，他们每天都来找她，不管有什么都和她分享。他们一个是小孩，一个是老头。

……

也许有人会想，像吉吉和老贝波这样两个人，他们的性格和世界观、人生观差异如此厉害，怎么能成为朋友？完全不可能嘛。然而事实却是：老贝波恰恰是唯一一个从来不曾指责过吉吉行事轻浮的人。同样奇怪的是，也恰恰只有伶牙俐齿的吉吉，从来没有讽刺过言行怪异的老头贝波。

这大概也归因于小姑娘毛毛听他俩谈话的方式。

读这部分内容时，我想起了_____

_____

_____

_____

再看第二部分"灰绅士"，它们太可怕了，和你签订时间协议，让你不知不觉变得忙碌，可不断节省时间的生活却让你更加焦虑。

弗思先生是一位理发师，他孝顺长辈，每天花一个小时陪伴年迈的母亲；他热爱生活，每周都看电影、和老朋友聚会；他性情开朗，乐于和每个顾客聊天。可是，当他和灰绅士签订时间协议后，他的生活就彻底变了。

当天的第一位顾客，弗思先生不耐烦地给他理发，省去了所有多余的环节，闷声不响，确实没有花半小时，仅仅二十分钟就完事了。

从此以后，他对所有的顾客都是如此。这样工作，他再也没有任何乐趣，不过这已经不再重要了。学徒之外他又雇了两名助手，并且严格地监督他们，不让他们浪费哪怕一秒钟，甚至给每个都做都规定了精确的时间。

……

他越来越神经质，越来越烦躁不安，因为他感到有一点很奇怪：他节省下来的时间，确实好像是永远也一点剩不下来。时间干脆以一种神秘的方式消失了，不再存在了。他的日子变得越来越短，越来越短，起初他还不太觉得，后来却感到越来越明显。他不知不觉过了一个礼拜又一个礼拜，过了一个月又一个月，过了一年又一年。

读这部分内容时，我想到了 _____

_____

_____

_____

_____

_____

_____

_____

第三部分"时间花"中，有更多饱含哲理的部分，读一读，如果遇到难以理解的部分，不妨停下来，联系生活实际想一想，说不定就产生共鸣了。

摘录下饱含哲理的内容：

_____

_____

_____

_____

这让我想到：

_____

_____

_____

_____

_____

_____

参考答案

用"猜读法"读《查理和巧克力工厂》

书虫揭答案

【读书名，猜一猜】

查理是谁，他和巧克力工厂之间有什么联系？

我猜，可能查理是巧克力工厂的主人吧！

【第1至第4章】

读到这里，我知道我的预测错了。查理是一个小男孩，他家境贫寒，他和巧克力工厂之间的联系是他对巧克力工厂充满好奇，渴望去巧克力工厂里看看。

读了1-4章，我获得了以下信息：

······

> 谁在生产巧克力？
> 我的预测是：旺卡先生一定请了其他人到工厂上班，或者用电子机械产品代替了人工。

【第 5 至第 12 章】

我没有找到上一个预测的答案，我打算继续阅读寻找。

……

我预测维鲁卡·索尔特将第一个被淘汰，因为她的金奖券不是自己凭本事获得的。

【第 13–17 章】

我找到了答案：没有了工人，负责生产巧克力的是奥帕—伦帕人。

第一个被淘汰的是奥古斯，他是因为太贪吃，掉进巧克力河被淘汰的。

我预测迈克·蒂维将第二个被淘汰，因为他并不是真心喜欢巧克力。

【第 18–21 章】

我的预测错了，第二个被淘汰的是维奥莉特，他是因为不听劝阻，一定要嚼旺卡先生新发明的口香糖被淘汰的。

我预测维鲁卡将第三个被淘汰，因为我觉得她肯定会乱发脾气。

【第 22–24 章】

我的预测正确。第三个被淘汰的是维鲁卡，他是因为想要一只挑选坚果的松鼠，被拒后恼羞成怒，伸手抓松鼠，被当成坏果处理被淘汰的。

我预测迈克·蒂维将第四个被淘汰，因为不可能淘汰查理呀！

【第 25—27 章】

第四个被淘汰的是<u>迈克·蒂维</u>，他是因为太喜欢电视被淘汰的。

我预测<u>查理</u>获得了巧克力工厂，因为<u>他温暖、善良、坚强、勇敢</u>。

【第 28–30 章】

果然，我的预测正确，<u>查理</u>获得了巧克力工厂。

用"猜读法"读《宝葫芦的秘密》

书虫揭答案

我的发现：宝葫芦可以满足王葆的愿望，但总是给王葆带来麻烦。

王葆的愿望	宝葫芦的神奇本领	故事的后续发展
1. 象棋比赛时想"吃""马"。	1. 象棋里的"马"直接塞到了王葆嘴里。	1. 王葆无比尴尬。
2. 希望家里有各色名贵的花。	2. 各色名贵的花布满了王葆的家。	2. 许多人来看花，纷纷询问花是哪里来的？爸爸和奶奶也一个劲地质问，王葆无比颓丧。
3. 希望有作业答案，有人能帮忙画画。	3. 答案和画画出现在了王葆面前。	3. 答案和画画竟然是别人做的，王葆知道这一切，非常难受。
4. 希望读"电磁起重机"的报告。	4. 真的可以读报告。	4. 王葆不敢上台。
5. 想看《地窖人影》和《暗号000，000》。	5. 马上出现了电影票。	5. 电影票竟然是宝葫芦从王葆同学的手中"变"来的，电影都没没看，王葆便惭愧地离开了。
6. 想要自行车。	6. 拥有了自行车。	6. 无法和爸爸和奶奶解释。
7. 想获得奖状。	7. 很多奖状便出现了。	7. 没有一张奖状是实至名归的，面对奖状，王葆没有收获任何喜悦。

读完了《宝葫芦的秘密》，我明白了一个道理：<u>不劳而获不可能有好的结果，每个人都应该脚踏实地，通过努力去获取成功。</u>

用"串联法"读《城南旧事》

秀贞：英子的第一个朋友，经常痴立在胡同口寻找女儿的"疯"女人。当得知妞儿就是她的女儿后，秀贞立刻带她去寻找爸爸，结果母女俩惨死在火车轮下。

妞儿：英子的好朋友，是个不爱学戏的"小戏子"。养父养母逼着她不断练习，她从未停止过寻找亲生父母的渴望。最后，终于找到了妈妈，却惨死在火车轮下。

兰姨娘：来英子家暂住的客人。三岁时为了给哥哥治病被父母卖掉，从十六岁起被迫过了整四年的烟花巷生活。二十岁时，做一个六十三岁有钱人的姨太太，受尽凌辱与损害，最后设法逃离出那个罪恶的家庭。在英子家。她邂逅了从事革命活动的北大学生德成叔，两人倾心相爱，一起离开了北平。

德先叔：英子爸爸的好朋友，进步青年。与兰姨娘相爱，并带她离开了北平。

宋妈：英子的奶妈，勤劳善良。一个苦命的女人，辛辛苦苦赚的钱交给前来探望的丈夫，但她嗜酒成性的丈夫先卖掉幼儿，大儿子后来又溺水而死。直到最后，宋妈还在找被狠心的丈夫卖掉的丫头子。

厚嘴唇的年轻人：英子邂逅的朋友，为了供给弟弟上学，不得不去偷东西的男人。后被警察局暗探发现被抓。

爸爸：表面严厉，实际上却充满爱心。他爱花，重感情，无论对德叔、兰姨娘还是身边的其他人，都非常和善。他鼓励英子要坚强，无论遇到多大的困难，硬着头皮总能闯过去，给予英子无限的力量。

妈妈：温婉，宁静，娴雅，善良，对孩子充满慈爱，对丈夫关怀，对身边的人也很照顾。

用"吞读法"读《红楼梦》

书虫揭答案

原文	吞读理由
原来王夫人时常居坐宴息，亦不在这正室，只在这正室东边的三间耳房内。于是老嬷嬷引黛玉进东房门来。临窗大炕上铺着猩红洋毯，正面设着大红金钱蟒靠背，石青金钱蟒引枕，秋香色金钱蟒大条褥。两边设一对梅花式洋漆小几。左边几上文王鼎匙箸香盒；右边几上汝窑美人觚——觚内插着时鲜花卉，并茗碗痰盒等物。地下面西一溜四张椅上，都搭着银红撒花椅搭，底下四副脚踏。椅之两边，也有一对高几，几上茗碗瓶花俱备。其余陈设，自不必细说。	屋内陈设可吞读。

原文	吞读理由
看其（贾宝玉）外貌最是极好，却难知其底细。后人有《西江月》二词，批宝玉极恰。其词曰： 无故寻愁觅恨，有时似傻如狂。 纵然生得好皮囊，腹内原来草莽。 潦倒不通世务，愚顽怕读文章。 行为偏僻性乖张，那管世人诽谤？ 又曰： 富贵不知乐业，贫穷难耐凄凉。 可怜辜负好韶光，于国于家无望。 天下无能第一，古今不肖无双。 寄言纨袴与膏粱：莫效此儿形状！	不影响内容理解的诗词可跳过。

用"盘点法"读《吹小号的天鹅》

书虫揭答案

一、得小号

1. 谁送的小号？

天鹅爸爸

2. 为什么送小号？

因为路易斯无法发生，小号能帮助它正常生活。

3. 小号是从哪里来的？

天鹅爸爸从比林斯的音乐商店里抢来的。

二、学小号

1. 怎么学会吹小号的？

首先是自己努力尝试，用各种姿势发声，找到舌头应该保持在哪个固定位置，吹出了第一个音；然后，男孩萨姆为他找到了一本讲解各种吹号的书，路易斯照着书本学；后来，为了让脚趾更灵活，能吹出各种风格的音乐，路易斯让男孩萨姆为他割开了右脚的脚蹼。路易斯就这样一路成长为吹小号的天鹅。

2. 吹得怎么样？

越吹越好。在库库斯库斯夏令营时，路易斯只能吹简单的曲调；到波士顿的天鹅游船和费城夜总会工作时，他已经是出色的小号演奏家了。

三、用小号

1. 赚钱

①为什么要赚钱？

因为天鹅爸爸送给他的小号是从音乐商店抢来的，天鹅爸爸为此非常自责。路易斯要努力赚钱，还小号的钱。

②通过哪些方法赚钱？

为库库斯库斯夏令营吹号，一个季度100美元；在天鹅游船前吹小号，一个星期100美元；为费城夜总会演奏，一周500美元。

用"盘点法"读《我亲爱的甜橙树》

正面评价

人物	评价语言
艾德蒙多（泽泽的伯伯）	你前程远大，小坏蛋，你的这个名字可不是随便取的，你会是一个太阳，众星都围着你闪耀。
塞西莉亚·派姆小姐	读得最好的学生。 你有一颗美丽的心。 这是我最好的学生送给我的花儿。 你是有金子一样的心的孩子！
奥利奥瓦多	你给我带来了好运气，你是天使！
老葡	你是一个勇敢的小男子汉，小家伙。 你这小脑袋瓜简直是金子做的，小家伙，有的时候，真让我吃惊。 你怎么像个小大人一样懂得大人的烦恼啊？ 你就是小天使。 我从来没见过这么小的孩子，懂得而且承受着大人的烦恼！

反面评价

人物	评价语言
托托卡（四哥）	小狗、魔鬼、褐色的赖皮猫、害人精、混球、小畜生、十足的小流氓，像这样的坏东西根本不该出生。
拉拉（大姐）	
爸爸	
妈妈	

为什么同一个泽泽，大家会有截然不同的评价呢？

（一）所处的环境不同

泽泽家境贫寒。他的父亲失业，母亲做着最辛苦的体力活，甚至因为太累得了疝气。家里有五个孩子。他的姐姐原本成绩很好，却因为家庭原因无法继续上学。在这样的家庭环境中，所有人的心境都是灰暗的，他们每天都得为活着挣扎，没有时间和精力去关注一个孩子的心路历程。所以，他们虽然和泽泽生活在一起，却常常"看不见"泽泽。

而艾德蒙多、塞西莉亚·派姆小姐、奥利奥瓦多和老葡所处的环境，显然比泽泽的家里人好得多。艾德蒙多已经退休，有国家提供的退休工资；塞西莉亚·派姆小姐是老师；奥利奥瓦多销售唱片；老葡更是有自己的别墅和昂贵的汽车。他们和挣扎在贫困线上的泽泽家人不同，不用那么焦虑地为"活着"发愁。所以，他们能"看见"泽泽。

（二）评价的标准不同

泽泽的父母兄弟姐妹，评价泽泽的标准只有一个——"不要捣蛋，不要烦我，最好不要存在。"这对于一个六岁的孩子来说，无疑是残忍的。参照这个标准，泽泽的所有行为都是不合格的。

艾德蒙多是家人中陪伴泽泽最多的。他会和泽泽聊天，教泽泽许多知识。所以，他最早发现了泽泽的不同，六岁的孩子，有着异乎他人的早熟。没有人教，竟然自己就学会了识字。所以，他从这个角度评价泽泽"前程远大"。

塞西莉亚·派姆小姐是老师，她评价泽泽的第一个标准是"学习"。所以，她说泽泽是读得最好的学生。第二个评价标准是"品行"。泽泽把老师给他买的食物让给更贫穷的女孩，还为了表示对老师的感激，偷了一朵花儿送给老师。这些行为无不彰显着他是一个心地善良、懂得感恩的孩子。所以，老师评价他"有金子一样的心"。

奥利奥瓦多是个商人，他评价的标准是"生意"。泽泽的到来，让他的生意做得更好，所以，他欢迎泽泽，也在日益相处中感受到了泽泽的美好，称他为"天使"。

至于老葡，他是一束光，照亮了泽泽的人生。老葡对泽泽的评价标准是最合理的，也是最了不起的，他以"孩子"的标准评价泽泽。

用"情节法"读《童年》

```
┌─────────┐     ┌─────────┐     ┌──────────┐     ┌──────────┐
│  生病   │ ──> │ 去外祖父家│ ──> │第一次挨打 │ ──> │与工人交朋友│
└─────────┘     └─────────┘     └──────────┘     └──────────┘
     ↑                                                  │
     │                                                  ↓
┌─────────┐                                      ┌──────────┐
│ 街头生活 │                                      │ 与"好事儿"│
└─────────┘                                      │ 成为朋友  │
     ↑                                            └──────────┘
     │                                                  │
┌─────────┐     ┌─────────┐     ┌──────────┐     ┌──────────┐
│照顾弟弟和│ <── │在园子里开│ <── │   上学    │ <── │与将军家的孩│
│生病的母亲│     │辟个人空间│     │           │     │ 子玩      │
└─────────┘     └─────────┘     └──────────┘     └──────────┘
```

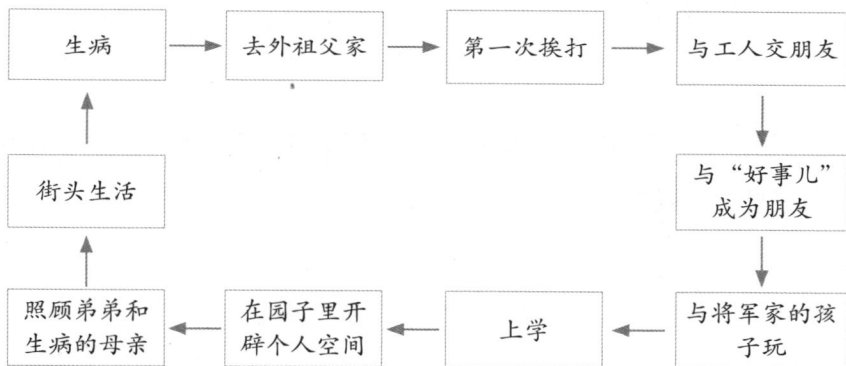

后两题答案不唯一，略。

用"情节法"读《小王子》

1. 小王子的旅行路线图。

```
┌──────────┐     ┌──────────┐     ┌──────────┐     ┌──────────┐
│B16 小行星 │────▶│爱发号施令的│────▶│虚荣的人的 │────▶│ 酒鬼的星球 │
│          │     │国王的星球 │     │  星球    │     │          │
└──────────┘     └──────────┘     └──────────┘     └──────────┘
                                                          │
                                                          ▼
                                                   ┌──────────┐
                                                   │忙碌的实业家│
                                                   │  的星球   │
                                                   └──────────┘
                                                          │
                                                          ▼
┌──────────┐     ┌──────────┐     ┌──────────┐
│  地球     │◀────│地理学家的 │◀────│点灯人的星球│
│          │     │  星球    │     │          │
└──────────┘     └──────────┘     └──────────┘
```

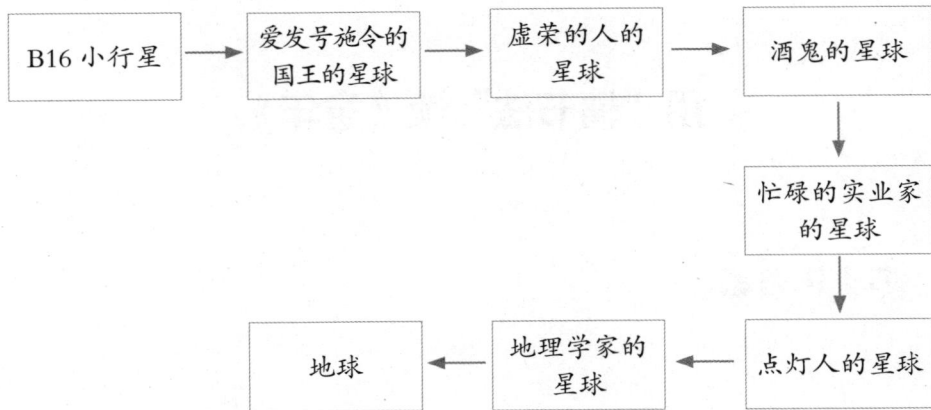

2. 飞行员"我"降落在大沙漠中，遇到了小王子。"我"和小王子一起做了些什么呢？

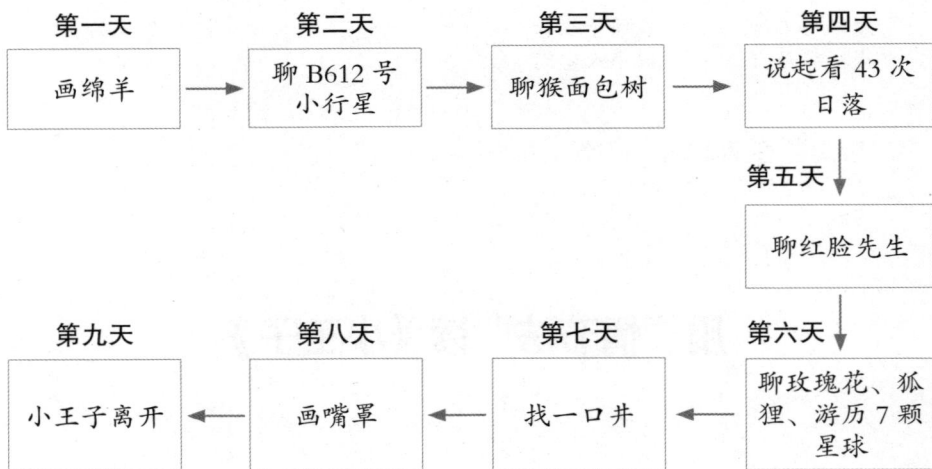

```
第一天            第二天            第三天            第四天
┌──────────┐     ┌──────────┐     ┌──────────┐     ┌──────────┐
│  画绵羊   │────▶│聊 B612 号 │────▶│聊猴面包树 │────▶│说起看 43 次│
│          │     │  小行星   │     │          │     │  日落    │
└──────────┘     └──────────┘     └──────────┘     └──────────┘
                                              第五天      │
                                                          ▼
                                                   ┌──────────┐
                                                   │聊红脸先生 │
                                                   └──────────┘
第九天            第八天            第七天      第六天      │
┌──────────┐     ┌──────────┐     ┌──────────┐ ┌──────────┐
│小王子离开 │◀────│  画嘴罩   │◀────│  找一口井 │◀│聊玫瑰花、狐│
│          │     │          │     │          │ │狸、游历 7 颗│
│          │     │          │     │          │ │   星球    │
└──────────┘     └──────────┘     └──────────┘ └──────────┘
```

3. 试着将小王子当成孩子的代表，梳理他和大人之间的不同。

梳理角度	孩子	大人
聊天内容	蟒蛇、原始森林、星星	桥牌、高尔夫、政治、领带
具有难度的任务	认真、兴奋	敷衍、缺乏耐心
活着的目的	闻花、看星星、爱一个人	算账（计算数字得失）
……		

答案不唯一。

用"背景法"读《老人与海》

书虫揭答案

作品：《老人与海》

主要故事情节：圣地亚哥经过两天两夜的奋斗，捕到了一条大鱼。由于鱼太大，就把它拴在船边。但许多鲨鱼立刻前来抢夺他的战利品。他一一杀死它们，到最后只剩下一支折断的舵柄作为武器。结果，大鱼仍难逃被吃光的命运，最终，老人筋疲力尽地拖回一副鱼骨头。

作者身世或作品背景：海明威从小就敢于尝试，不肯认输。他参加拳击比赛、斗牛比赛，和当地人一起去狩猎，不怕任何挑战。他参加了一次次战役，尽管一次次受伤，却从不退缩。

1936 年，富恩特斯出海很远捕到了一条大鱼，但由于这条鱼太大，在海上拖了很长时间，结果在归程中被鲨鱼袭击，回来时只剩下了一副骨架。海明威以这个故事为原型，创作了《老人与海》

对这个作品我有了哪些深入的认识："人可以被毁灭，但不能被打败。"了解海明威的身世后，我发现这句话就是他的写照。他就像书中的老渔夫圣地亚哥，终其一生，与"大马林鱼"搏斗，与"鲨鱼"搏斗，尽管无比艰苦，却从不轻言放弃。所以，与其说海明威在写圣地亚哥的故事，不如说，他在借圣地亚哥展现自己的精神与追求。

这个故事并不是凭空杜撰的，圣地亚哥的形象在我心中便更鲜活了，也让我对"艺术源于生活"有了更新的认识。海明威真了不起，他善于捕捉生活中的独特人物故事，这是值得我学习的。

第 2 题，答案略。

用"共鸣法"读《毛毛》

1. 读这部分内容时，我想起了我的好朋友敏敏和娜娜。我是个大大咧咧的人，性格开朗，常常因为粗心惹麻烦；敏敏人如其名，心思细腻，特别敏感，常常因为一点小事思虑很多；娜娜看起来平平无奇，成绩也一般，可她像毛毛一样，特别善于倾听，我们都特别喜欢和她一起玩。也因为娜娜的关系，我和敏敏相处得特别好，敏敏悲春伤秋时，我带她玩各种游戏；我惹麻烦时，敏敏细心地陪我解决。

我们三个人在一起时特别开心。即使玩具只有一张纸，我们也能创造各种玩法：设计宠物的房子、构思周末的旅行……有时，我们坐在一起发呆，什么都不做，心里依然很满足。

这样想着，我便很能理解毛毛、贝波和吉吉之间的友情，对于毛毛的独特之处——"善于倾听"也有了更深的理解。

2. 读这部分内容时，我想到了曾经焦虑的自己。有一段时间，为了有更多的时间学习，我珍惜每一分每一秒，不和好朋友一起玩，不和爸爸妈妈交流，甚至家里养的、我最喜欢的小猫也不看一眼……这样坚持了一段时间。有一天，我忽然觉得自己像一个孤岛，孤独感包围着我，让我很想哭。

　　这样想着，对于弗思的变化，我的感触就更深了。时间窃贼灰绅士的可怕，我也就更清楚了。

　　3. 答案略。

张祖庆名师工作室原创小说

名家名作里的
阅读密码

张祖庆 邱慧芬 著

03

人民邮电出版社

北京

目 录

第 **10** 章 神秘大奖

第 8 章

青色闯关
《骆驼祥子》与背景法

01

小诗起疑心，
"祥子"成救兵

"小歪，你回来了？"书虫躺在窗户旁的书上，目光炯炯地看向小歪。

窗外，晚霞满天。小歪有一瞬失神，一时间分不清自己是在书海世界，还是在真实世界。

"小歪，你在想什么？"书虫从书上起来，向小歪走过来。

"我在想每个人都有很多面，就像汤姆，拥有那么多种截然不同的性格。"小歪说。

"这不是很正常吗？"书虫抖抖胡子，"每个人都有优缺点，都是立体的啊！"

"那你来说说，我有什么优点、什么缺点？"小歪从床上一骨碌坐起来，认真地看着书虫。

"你呀，缺点是不聪明、爱偷懒、胆子小……"书虫伸出短短的手指，细数着小歪的缺点。

"你才缺点一箩筐呢！"小歪跳起来，装作愤怒的样子朝书虫扑过去。

门就在这时候打开了，小诗一脸惊诧地看着张牙舞爪的小歪："你……你在做什么？"

小歪吓坏了，往书虫的方向看去，幸好，书虫及时溜了。他赶紧站好，不好意思地抓抓后脑勺："没……没做什么。"

"我听见你说'你才缺点一箩筐呢'，你在和谁说话？"小诗扫视着整个房间，不放过一个角落。

"没有的事，你听错了。"小歪矢口否认。

"不可能！"小诗狐疑地瞪着小歪，"我是出了名的'顺风耳'，怎么可能听错？"

"我明明就没说话。"小歪拍拍小诗的肩膀，"走吧，我们去吃晚饭。"

"你一定藏着什么秘密。"小诗肯定地说，"你看你的脸都红了，我告诉外公外婆去！"

小诗说着，转身就往楼下跑去。

小歪急得直挠头。

"就是这里，刚才小歪张牙舞爪的，和一个人在聊天。"小诗的声音从楼梯上传来，紧跟在后面的是外公和外婆的脚步声，"哥哥不知道在房间里藏了什么，我进去的时候，里面却什么都没有。"小诗说话很快，就像发射炮弹一般。

"是的，我也听见过。"外公的声音越来越近，"我还以为他在玩游戏呢！这小歪，神神道道的。"

房门打开了，外公、外婆、小诗走了进来。

"小歪，你在房间里和谁说话？好孩子，可不能撒谎。"外婆一脸严肃地看着小歪。

"我……我……"小歪的脸涨得通红，"我没有和谁说话。"

"骗人！"小诗站了起来，"我和外公都听见你和别人聊天了，你还不承认！"

"真没有！"小歪急了，"我……我就是看书太投入了，在和书里的人物聊天呢！"

"真的？"外婆的脸上写满了不相信，"你妈妈说寄来的书都是你不爱看的呀！"

"爱看的，爱看的。"小歪忙不迭地点头，随手拿起一本书，"我很爱看这些书，这几天就在看这本。"

外公走近小歪，拿过他手中的书："《骆驼祥子》，你在看这个？"

糟糕！小歪在心中哀叹：这运气也太差了，拿了一本自己从没看过的书，这下糟了！

小诗撇撇嘴："少骗人了！你刚才说在和书里的人物聊天，是和这本书里的谁聊天？"

"我……我……"小歪心虚地支吾着。

"在聊什么，这么热闹？"舅舅笑着从楼下走上来，"我回来了都没人发现。"

"舅舅！"小歪仿佛看见了救星，飞快地奔过去，"我看完了《汤姆·索亚历险记》，你什么时候带我探险？"

"明天吧，明天早上带你去山洞看看！"舅舅放下公文包，拍拍小歪的肩膀。

小诗被"探险"吸引了，跑到舅舅身边，撒着娇说："舅舅，我也要去！"

"行，去，都去！"舅舅说着，拿过小歪手中的《骆驼祥子》，"不错嘛，已经开始看老舍先生的书了？"

"小歪的房间里不知道藏着谁，我们问他，他也不说，还说自己在和这本书里的人物聊天！"小诗一激动起来，说话就像倒豆子，噼里啪啦的。

"和书里的人物聊天？这可是了不起的本领！"舅舅

又笑了，"小歪，这本书舅舅也看过，你说说，你在和里头的谁聊天？"

小歪抓抓后脑勺，不敢抬头看舅舅："和……和祥子聊天。"

"哼，那你说说，你们是怎么聊天的？"小诗生气地叉着腰，"'你好，我是小歪。''你好，我是祥子。'是这样聊天吗？"

小歪没说话，脸涨得通红。

舅舅见状，不再细问，只说："好吧，我给你提两个问题，你去和书里的人对话，找找答案。"

此时的小歪，只求小诗和舅舅不要在众目睽睽之下继续追问，哪怕让他回答十个、二十个问题，他也愿意！他抬起头，爽快地答应了："好啊！"

舅舅清清嗓子："我的问题是，祥子和骆驼有什么关系？他为什么叫骆驼祥子？"

"好了，好了，都下去吃晚饭吧。"外婆催促着，"我看这房间里也不像有其他人的样子，别疑神疑鬼了。咱们家，可没鬼！"

外婆的话，让小歪如芒在背。

大家一起从楼上下来。为了不再聊"小歪在房间里和谁说话"的话题，小歪一个劲地和大家聊"山洞探险"。

外公被小歪挑起了聊天的兴致，讲了许多山洞的传说。舅舅更是滔滔不绝，介绍起了探险的注意事项。

似乎没有人再关注自己了，小歪长长地舒了一口气。

晚饭过后，小诗轻声对小歪说："你房间里藏着的秘密，休想瞒住我，我一定会找出来！还记得上次你耍我的事情吗，我一定会报仇的！哼！"

小歪刚放下的心又一次提了起来，他装作满不在乎的样子，说："我不知道你在说什么！"

回到房间，小歪心神不宁。书虫的事就像一颗定时炸弹，说不定哪天又会被提起，得想个办法解决才行。

他扫视着房间里的一切，发现没有可以用来当借口的东西。当他将目光定格在桌上的《骆驼祥子》时，脑海中忽然又浮现出舅舅的问题。天哪，这真是福无双至，祸不单行，屋漏偏逢连夜雨啊！小歪将自己扔到床上，痛苦地把脑袋埋进了被子里，久久不愿意把头抬起来。

02

山洞探险与背景法

睡了个舒服的懒觉，小歪暂时忘却了昨日的烦恼。睁开眼睛，想起舅舅说的山洞探险，他"哗"的一声，从床上坐了起来。

"舅舅，小诗，我们探险去！"用最快的速度穿好衣服，小歪叫喊着奔向楼下。

餐厅里，正在吃早饭的舅舅、小诗、外公和外婆满脸笑意地看着小歪。

"太阳都晒屁股了！"小诗冲着小歪做鬼脸。

舅舅戏谑道："没想到小懒猪还能自己起床，我们商量着，如果我们吃好早饭，你还没起床，探险就不带你去了！"

"那可不行！"小歪急了，"等着，看我使出绝招——

五分钟吃完早餐！”

小歪拿起一个手抓饼，对着舅舅和小诗说：“走吧！”

外婆瞪了小歪一眼：“你还没吃呢！”

小歪晃了晃手中的手抓饼：“瞧，拿了，边走边吃！”

外婆无奈地摇着头，递给小歪一瓶热牛奶。

舅舅拎起一个大袋子，对小歪和小诗说：“那好，走吧，出发！”

他们沿着大马路向前走，拐过第三个大弯后，舅舅领着他们朝一条小路走去。小路常年没人走，已经被野草覆盖，只能依稀看出一些路的痕迹。

“我像你们这么大的时候，就沿这条路走路上学，”舅舅的眼里满是追忆，“拎着一个篮子，篮子里面放着书和米。”

“带米做什么？”小歪不解。

“离学校太远，得住校啊。”舅舅说，“带米去蒸饭，不然可得饿肚子了！”

“什么是蒸饭？把米放进电饭锅里吗？”小诗也不懂。

“哈哈！”舅舅被小诗的话逗笑了，“一个学校的人呢，电饭锅蒸的饭可不够我们吃。我们大家把米放在饭盒里，加入适量的水，然后把饭盒放进一个木箱子里。大家的饭盒放在一起，叠得整整齐齐。食堂的阿姨就把木箱子架在灶台上蒸。不一会儿，饭就蒸熟了。"

小歪和小诗从没听过这么有趣的事，眼睛睁得大大的。

"最有意思的是吃饭，大家把饭盒打开，热腾腾的。"舅舅比画着，"菜也是从家里带去的，你外婆喜欢给我做梅干菜扣肉。冬天的时候，肉和梅干菜凝在一块儿，上面有一层白白的油，放在热乎乎的米饭上面，一下子就化开了！"

"真好玩啊！"小歪由衷地感叹，"我们学校从来没有发生过这么有趣的事情。"

"就是，我们食堂的菜总是千篇一律。"小诗撇撇嘴，补充道。

正说着，舅舅忽然停下了脚步，指着前方的石壁，说："瞧，山洞就在那里，我们得沿着这座山向上爬，爬到中间的时候再沿着石壁上的台阶横穿到洞口。"

万千猜想与期待催促着小歪和小诗加快了脚步，他们一马当先，朝着山上冲去。不一会儿工夫，他们就来到了洞口。

山洞里黑乎乎的，看起来有点阴森。舅舅打开随身携带的大袋子，拿出手电筒，说："走吧，我带你们进去！"

小诗一点儿都不害怕，三步并作两步跟在舅舅身后，小歪也赶紧跟上。

适应了山洞的黑暗，洞里的一切逐渐清晰起来：一块大石头蹲在洞中间，边上零散地围着些小石块。除了这些，山洞里什么都没有。

小歪很失望："早知道是一个空空的山洞，我才不来呢！"

"不然你以为里面有什么？"小诗瞪了小歪一眼，"财宝？怪兽？还是超人？"

"这样一个空空的山洞，为什么石壁上会有台阶？"小歪好奇地问。

"这个嘛，我还真查过资料。"舅舅一下子来了兴致，"据说古代有一段时间，皇帝大肆开展灭佛行动，四处抓捕和尚，和尚们无处可去，就逃到山里面，找个山洞藏起来。"

"你是说这个洞曾经是和尚们的家？"小诗的眼睛瞪得大大的，"这怎么可能？"

"怎么不可能！"小歪抢着说，"你看这大石头，肯定就是和尚睡觉的石床。"

"这石头虽大，也不可能用来当床啊！"小诗反驳道，"他们肯定在这石头上念经。"

"那你说，和尚们在哪里睡觉？"小歪不服气地问。

"到外面砍点软软的枝叶，垫在地上当床睡觉啊！"

小诗理直气壮地回答。

"哼！"小歪辩不过，不再说话。

舅舅坐在大石头上，冲着小歪和小诗招手："来，坐下感受一下！"

小歪和小诗在大石头上坐了下来，一股凉意从屁股上升了起来。

"据说，为了躲避追捕，和尚们在山洞里藏了很久。"舅舅说，"有的和尚还在山洞的石壁上画画与刻字呢！"

小歪闻言，从大袋子里又掏出一个手电筒，研究起四周的石壁来。

"这样看来，这个山洞值得研究的东西还是很多的。"小诗一本正经地说。

"哈哈，那当然！"舅舅爽朗地笑了，"无论遇到什么事物，都需要了解它的背景故事，这样，你会对它有更深刻的认识。就说这个山洞吧，如果不知道我说的这些事，你们就会觉得这里没什么好玩的。但知道了我说的这些，你们的脑海中就会浮现出和尚们在这里生活的场景，山洞也就变得有意思起来了，对吧？"

小歪不住地点头："舅舅，您可真厉害，什么都知道！"

舅舅又笑了："告诉你们我的这些知识是从哪里来的！我呀，看书的时候，喜欢一边看一边查阅写作背景资料，将故事的背景和书里的内容结合起来看，这样看得多了，不仅书本里的知识了解了，相关的东西也知道了许多。"

小歪暗暗点头，心想舅舅的方法可真不错，回去一定要告诉书虫。

"对了，小歪，你不是在看《骆驼祥子》吗？"舅舅说，"可以试试用这种方法来看，说不定很快就能回答我的问题了呢！"

想起房间书桌上的《骆驼祥子》，想起舅舅的问题，想起舅舅说的读书方法，小歪还挺期待读《骆驼祥子》的。

03

骆驼和祥子有什么关系

清晨，小歪正给书虫送早点，甜甜的小米糕是外婆亲手做的，书虫吃得津津有味。

"小歪，你起床了吗？"小诗的声音穿门而入，接着一个身影风风火火地出现在房间里，"哈哈，我看见你房间里藏着的小伙伴了！"

小歪吓了一跳，朝书虫刚才站的地方看去：幸好，听见小诗声音的一瞬间，书虫便闪身躲进了《骆驼祥子》里，现在书桌上空空如也。

小歪松了一口气，不满地嘟囔："我都告诉你没有什么小伙伴了，你怎么就不相信呢！"

"你说什么？"小诗没有听清。

"我说我房间里没有什么小伙伴！"小歪装作找书的

样子，"你要不信，就自己找吧！"

小诗顺手从书桌上拿起了《骆驼祥子》："好啊，我今天就在你房间里看书，看看和你聊天的到底是谁！"

小歪吓了一跳——《骆驼祥子》，正是刚才书虫躲进去的书啊！他飞快地站起身来，夺过小诗手中的书："这本是我要看的，看完还要回答舅舅的问题呢。你想看书，找本其他的吧！"

小诗没辙，从书桌上随手拿起另一本："那好吧！"

小歪松了一口气，见小诗没有离开的意思，便不再管她，打开《骆驼祥子》认真地看了起来。

京味浓郁的语言扑面而来——尤其是书里有特别多的儿化表达，小歪一时还真有点不适应。幸好，这并不影响理解，小歪很快便读完了第一章——年轻强壮的祥子通过没日没夜地拉车，在省吃俭用了三年后，凑足了一百块钱，买了属于自己的车。

"似乎和骆驼没什么关系。"小歪喝了口水，"没看见骆驼的影子啊。"

"你不是会和书里的人对话吗？问问就知道了。"小诗的声音传来。

不用抬头，小歪都能想象出小诗此时的模样——噘着嘴，一副"你的秘密休想瞒过我"的模样。他可不想看到小诗的这副模样，便埋头继续往下看。

忽然，小歪看到了"骆驼"两字：

> 在山中绕了许多天，忽然有一天山路越来越少，当太阳在他背后的时候，他远远地看见了平地。晚饭的号声把出营的兵丁唤回，有几个扛着枪的牵来几匹骆驼。

发现了"骆驼"的痕迹，小歪一阵激动，迫不及待地继续往下看：

> 军营里更乱了，他（祥子）找到了骆驼——几块土岗似的在黑暗中趴伏着，除了粗大的呼吸，一点动静也没有，似乎天下都很太平。这个，教他壮起胆子来。他伏在骆驼旁边，像兵丁藏在沙口袋后面那样。
>
> ……………
>
> 不知等了多久，始终没人来拉骆驼。他大着胆子坐起来，从骆驼的双峰间望过去，什么也看不见，四处极黑。逃吧！不管是吉是凶，逃！

"把骆驼牵回去啊，笨！"小歪忍不住喊出声来。

"你在激动什么？"小诗好奇地凑过去。

"我在替祥子着急呢！"小歪手舞足蹈地说，"他的车被官兵抢走了，现在官兵的三匹骆驼就在他面前。他完全可以把骆驼牵走，换钱买新车！"

"你怎么知道祥子没有把骆驼牵走？"小诗凑到《骆驼祥子》前，"才看了这么一点点，就大呼小叫！"

小歪不满地瞪了小诗一眼："要你管！"说着，继续埋头看了起来。

过了好久，他放下书："小诗，还真被你说中了！祥子果然回头去牵骆驼了。他历经千辛万苦，才把骆驼牵回去，然后卖了钱。就因为这样，他才被大家叫作骆驼祥子。"

"卖骆驼的钱，应该够买车了吧？"小诗问。

"不够呢，祥子真的太惨了！"小歪有点难过。

小诗皱了皱眉头："三匹骆驼竟然换不来一辆车？"

"因为当时正在打仗啊，养骆驼需要食物，人们自己都吃不饱，哪里还愿意养骆驼呢。"小歪回答道。

"是谁和谁在打仗？没有人保护像祥子这样的老百姓吗？"小诗不解地问。

"我……我也不知道。"小歪抓抓后脑勺，"如果舅舅在就好了，我们可以问问舅舅。"

"问我什么？"说曹操，曹操到。舅舅端着外婆新烙的饼出现在房间门口。

"舅舅，我知道祥子为什么会被叫作骆驼祥子了。"小歪捧着书跑到舅舅身边。

"因为他从战场上牵回了骆驼，并且卖了它们，准备用换来的钱买新车。"小诗抢着说。

"看得很认真啊！"舅舅将装饼的盘子放在桌子上，拍了拍小歪的肩膀，"不错，不错。"

"舅舅，刚才我们在讨论：为什么三匹骆驼还换不来一辆车？是谁在和谁打仗？为什么就没有人保护像祥子这样的老百姓呢？"小歪一口气问出了所有的问题。

舅舅冲着小歪竖起了大拇指："读书时敢于问为什么，这是非常好的习惯。你问的这些问题，和老舍先生为什么创作《骆驼祥子》有关。你可以找一找老舍先生创作这个故事的背景，说不定就能找到答案了。"

"可我们上哪里去找呢？"小歪问，"外公外婆又没有电脑，手机还是老年机。"

"用舅舅的手机找。"小诗看向舅舅，"可以不？"

"晚上可以！"舅舅说着，指了指桌子上的饼，"吃点东西再看吧，休息一会儿！"

房间里安静了下来，空气中弥漫着烙饼的香味。

　　小诗一边吃饼，一边看着小歪——这大半天，他一直坐着看书，时不时地自言自语，房间里不像有其他人的样子。小诗不禁有些疑惑，喃喃自语道："难道上一回真的是我听错了？"

　　小歪耳朵尖，闻言马上将手中的饼放下："当然是你听错了，你看看我的房间，就这么点地方，能藏什么？"

　　小诗盯着小歪看了半天，肯定地说："我不可能听错，和你说话的那个声音很细，不可能是你发出的！"

　　小歪气极了："那你找吧，最好天天来我房间陪我看书，我看你能把它找出来不！"

　　"本大小姐正有此意。"小诗朝小歪做了个鬼脸，"我决定天天跟着你，直到找出那个神秘声音的主人为止！"

04

《骆驼祥子》的创作背景

吃过午饭，小诗回房间午睡了。小歪将香喷喷的蛋卷带给书虫。

"嘿嘿，这回得表扬你！"书虫又像在和小歪说话，又仿佛在喃喃自语，"你请我吃好吃的，我陪你看好书！"

忽然，书虫眉头紧锁，抱怨道："说好来度假的，现在的情形，我就像做贼！"

小歪也很无奈："小诗太认死理了，我也不知道怎么办。"

书虫见小歪苦恼，安慰道："算了，算了，你别烦恼了。小诗是不可能发现我的。"

"还是得想办法解决这个麻烦。"小歪说，"让我仔细琢磨琢磨。"

书虫点点头，咬了一口蛋卷："对了，早上你们聊天说起的《骆驼祥子》的创作背景，我可以说给你听。"

"真的？"这下小歪高兴了，他随即将脑袋探到窗外，四周静悄悄的，"这样吧，我们去小河边，到那里你再讲给我听。这里太不安全了，说不定讲到一半，小诗又冒出来了！"

"去小河边可以，别忘记把蛋卷带上，还有早上的小米糕。"书虫提醒道。

小歪将书虫装进自己的口袋里，夹起《骆驼祥子》，脚步轻轻地下楼，去厨房拿了小米糕和蛋卷，装进食品袋里，拎着它，穿过小院的篱笆门，朝小溪边跑去。

正午的阳光热辣辣的，溪边大树上的知了正不知疲倦地唱着歌。小歪踩着搭石穿过小溪，沿着溪岸往前走了很久，才找到一处树荫，便坐在树荫下的石头上歇息。

"书虫，就在这里吧！"小歪把蛋卷和小米糕从食品袋里取出来，放在袋子上方，又将书虫放在蛋卷和小米糕中间。

书虫愉快地看着包围自己的美食，舒服地叹了口气，又说："这才像度假嘛！"

小歪靠在大树上，感受着微风从耳畔掠过："是很舒服。你先享受美食吧，吃完了，再和我好好说说老舍先生的故事。"

　　"一边吃一边说。"书虫咬了一口小米糕，"《骆驼祥子》是老舍先生成为职业作家后创作的第一部长篇小说，是老舍先生自认为最满意的作品。它描写的是北洋军阀统治时期，北平城里平民的生活。"

　　"什么是北洋军阀统治？故事里打来打去的那些军队都是北洋军阀吗？"小歪打断了书虫的话。

　　"是的。"书虫说，"故事里打来打去的是直系军阀吴佩孚和奉系军阀张作霖。怎么和你解释呢，就是他们俩打来打去，争抢地盘。"

　　"明白了。"小歪恍然大悟，"他们不是因为想保护祥子这样的老百姓而打仗，而是为了争夺地盘打仗。"

　　"对！"书虫满意地咬了一口蛋卷，"有一天，老舍先生听一个朋友讲洋车夫们的故事，其中一个洋车夫买了车又卖掉，三起三落，最后还是受穷；另一个洋车夫被军队抓去，结果牵回来三头骆驼。老舍先生就根据这两则故事，开始构思祥子的故事。"

　　"这么说，生活中也有祥子这个人？"小歪惊讶地看着书虫。

　　"不是祥子这个人，"书虫摇摇头，"是像祥子一样生活的一类人。"

　　"那个时代的人真的生活得那么辛苦吗？"小歪疑惑

地问，"军阀打来打去，他们不可以反抗吗？"

"得有武器，才能反抗啊！"书虫又咬了一口小米糕，"你想了解那个时代的生活，想更好地了解祥子，也可以看看电影版的《骆驼祥子》。"

"嗯嗯，好的。"小歪坐得累了，站起身，捡起一粒石子，朝小河中扔去，"好了，我现在已经了解了老舍先生创作《骆驼祥子》的背景，也知道了祥子为什么叫骆驼祥子，我不用继续看这本书了。"

"你说祥子之所以叫骆驼祥子，就只是因为他从战场上牵回来三匹骆驼，然后把它们卖了换车？"书虫问。

"难道不是吗？"小歪找到一块光滑的石头，将它放进小河里洗干净，听到书虫的话，诧异地转过身。

"是这样，又不仅仅是这样。"书虫点点头，又摇摇头，"别急着下结论，先听我讲讲故事的大概情节，说不定对于祥子为什么叫骆驼祥子，你会有新的认识。"

"好呀！"小歪点点头，"这里清风温柔，我就躺在这里听你讲故事吧！"

书虫揉揉圆滚滚的肚皮："我吃饱了，小米糕真是美味！祥子的生活可就没这么幸福喽！他呀，想有一辆自己的车，可是……"

05

看电影，理解骆驼的深意

河畔的风轻轻地吹，波光粼粼的小河里，怕热的鱼儿在石缝中嬉戏，几只小虾轻盈地闪过。

小歪听得入了迷，不觉太阳已偏西。他站起身，想着祥子的故事，忍不住叹气。他揉揉发酸的脖子，将疲惫的书虫轻轻地放进口袋，整理好其他东西，往家里走去。

小诗正摆弄着舅舅的手机，看见小歪进门，显摆地说："看，我先拿到的，待会儿我来查资料。"

小歪还沉浸在故事里，声音有些低沉："你来查吧，查好了告诉我呗！"

小诗有些奇怪："你怎么了，不想快点知道答案吗？难道你就不想自己查？"

"不想。你来查吧，我回房间休息一会儿。"小歪说着，三步并作两步，朝楼上的房间跑去。

小诗打开手机，找到搜索页，输入"《骆驼祥子》创作背景"，点击"搜索"，众多信息映入眼帘。小诗点开了第一个：

《骆驼祥子》，以20世纪20年代的旧北京为背景。祥子所处的时代是北洋军阀统治时代，当时的世界是黑暗的、畸形的、失衡的，人民过着贫苦的生活，祥子只是劳苦大众的代表……

小诗又点开了其他几个，内容都差不多。她有些失望，抬头看楼上，不知小歪在忙什么。她三步并作两步，朝楼上走去。

小歪正躺在床上发呆，他的脑海中都是祥子的故事：

祥子花了三年时间，省吃俭用，没命地拉车，存足一百块钱后买了辆满意的车，可是车被兵匪抢了；祥子卖了骆驼，更加努力地拉车，不顾性命地攒钱，钱却被孙侦探敲诈走了；祥子被迫和虎妞在一起，好不容易有了自己的车，但虎妞意外死了，为了安葬虎妞，他又卖了车……

"唉！"小歪叹了口气，"祥子实在太可怜了！"

"小歪，你怎么了？"小诗推门进来，正好听见小歪在叹气。

"没什么。"小歪怏怏的，"祥子的遭遇太凄惨，我忍不住为他难过。"

"说给我听听呗！"小诗央求道。

小歪将祥子"三起三落"的故事讲给了小诗听，小诗越听越悲愤。

"祥子的希望就这样一点一点被扼杀了。"小歪的声音很沉重，"刚进城的时候，祥子不抽烟，不喝酒，不赌钱，一心只想着车，对生活充满了希望。而且，他很绅士，不抢老弱病残的生意。第一辆车子被抢后，祥子的想法就发生了改变，他恨抢他车的兵匪，恨这个世界，也开始抢其他人的生意，就为了能快点攒钱买车。当买车的钱再次失去后，祥子就彻底堕落了，他觉得顾体面、要强、忠实、义气这些优秀的品质没有一点用处，他想着混日子算了……"

"可是，老舍先生为什么要把祥子写得这般凄惨呢？"小诗不解地问，"祥子那么努力，为什么就不能过上好日子呢？"

"据说这是老舍先生根据听来的故事改编的。"小歪想了想，"现实中可能真有这样的人存在呢！"

"可是……"小诗还想提问，小歪忽然想起书虫提起《骆驼祥子》被拍成了电影，便说："手机呢？我带你看部影片吧，或许看完后，我们的疑问就能迎刃而解了。"

小歪打开手机，搜索到了《骆驼祥子》这部电影，和小诗一起认真地看了起来。

屏幕中，祥子初始像挺脱的树。随着故事的推进，他像牲口一样被人使唤着。战火纷飞，岁月流转，无数像祥子一样的人力车夫，被命运的车轮碾压着。

小诗泪如雨下："哥哥，那个时代太可怕了，生活在那时候的人们太不幸了。"

小歪深有同感，他回想着书虫提到的《骆驼祥子》中的描述：

> 希望多半落空，祥子的也非例外。
>
> 凭什么把人欺侮到这个地步呢？凭什么？
>
> 买车，车丢了，省钱，钱丢了，自己一切的努力，只为别人来欺侮！谁也不敢招惹，连条野狗都得躲着，临完还是被人欺侮得出不来气！
>
> 他没了心，他的心被人家摘了去。
>
> 一个人能有什么蹦儿？看见过蚂蚱吧？独自一个人也蹦得怪远的，可是教个小孩子逮住，用线儿拴上，连飞也飞不起来。
>
> …………

小歪只觉得心里压着一团火，他想愤怒地咆哮，想大声地宣泄自己的不满，却又不知道应该控诉谁。或许，祥子的心情也是这样的吧。这一刻，他与祥子的心贴得很近。

吃晚饭时，小歪和小诗都默不作声。

"今天怎么了？两个人都一脸不高兴的样子。"外公好奇地问。

"《骆驼祥子》害的呗。"小诗撇撇嘴。

"哦？"舅舅闻言，抬头看了看小歪，"书看完了？"

小歪心虚地点点头，没等舅舅发问，就说："我大概知道大家为什么叫他骆驼祥子了。"

"说说看。"舅舅笑眯眯地看着小歪。

"一开始，我觉得之所以叫他骆驼祥子，是因为他从军队里牵了三匹骆驼，换了三十五块钱准备买车。"小歪停了停，继续说，"可是，我继续往下读故事，发现不仅仅是这样。"

舅舅用鼓励的目光看着小歪。

"在《骆驼祥子》里，骆驼是用来给北平城内的居民运送煤炭的，它们的运力远远高于骡子和毛驴，最重要的是，骆驼从不抱怨，再苦再累它们都忍着。这和祥子很像，祥子拉的是人力车，和骆驼一样负责运送。祥子也任劳任怨，生活带给他那么多苦难，他也只能忍着。"小歪看了看舅舅，"我还有个想法，不知道对不对。"

"你继续说。"舅舅摸了摸小歪的脑袋。

小歪鼓起勇气说："我看了《骆驼祥子》这部电影，了解了祥子生活的那个时代。我觉得在那样的时代，像祥子一样任劳任怨的人是没有出路的。骆驼面对自己无法战胜的恐惧，会选择跪下。祥子也一样，他面对生活的一次次打击，最后也'跪下'了。所以，把祥子变成骆驼祥子的，是那个令人恐惧的时代。"

舅舅、小诗、外公和外婆忍不住给小歪鼓掌。

舅舅欣喜地说："小歪，你已经读懂了老舍先生想说的。你说的《骆驼祥子》这部电影，舅舅都没看过，待会儿我也去看一看。"

"舅舅没看过这部电影吗？"小诗闻言，用狐疑的眼神看着小歪，"小歪，那你怎么知道它有电影版的？"

"这个……我……我搜索到的。"小歪心虚地回答。

"我明明记得手机在我手里啊。"小诗说，"你用什么搜的呢？"

"哎呀，你别问那么多，反正我知道有这部电影就好了！"小歪生怕越解释漏洞越多，赶紧制止了小诗的提问。

　　小诗还想说什么，舅舅说："小歪，恭喜你学会了一种新的读书方法。读一本书，尝试去了解这本书的创作背景，往往能有很多意想不到的收获。"

　　小歪点点头："是的，我发现找一找作者的资料、看看作者写这个故事的原因、了解这个故事的时代背景……这些都能让我对故事本身有更深刻的理解。"

　　小诗补充道："我觉得看相关的电影也能让我们对一本书有更深的理解。就比如《骆驼祥子》吧，看了电影，再听小歪说里头的故事，我就听得更明白了。"

　　外婆忙完了厨房里的事情，给大家泡了一大壶茶，大家聊得很愉快。山村的夜晚，月明星稀，夏虫低唱。小歪和小诗不知想起了什么，竟满足地叹了口气，异口同声道："和祥子比，我们生活在这个时代，真幸运啊！"

　　小歪回到房间，书虫正趴在窗台的彩色石头上看月亮，见小歪进来，它翻了个身，从石头上坐起来："唉，讲故事可把我累坏了，你怎么补偿我？"

　　小歪看着书虫长胡子下的彩色石头，忽然想起了书海世界。他已经收集了五种颜色的卡牌，再收集两种颜色的卡牌，就能获得神秘大奖了。"书虫，要不我仔细读一遍《骆驼祥子》，读完后我们去书海世界闯关吧！""好啊！"听到小歪要细读原著，书虫的眼睛都亮了。

06

"劝说祥子"闯关

　　小歪废寝忘食地读了两天，终于读完了《骆驼祥子》。这天晚饭后，小歪立刻回到自己房间，二话不说将书虫放进自己的口袋，对着窗台上的石头轻声说："彩色石头，彩色石头，带我去书海世界吧！"说完，他像往常一样躺在床上。

　　不一会儿，眼前出现了粼粼的波纹，熟悉的彩色石子路出现了，不远处就是迷宫。小歪轻车熟路地来到搜索书目的地方，输入"LTXZ"四个字母，待屏幕上出现《骆驼祥子》的封面，点了"确定"。

　　"欢迎来到祥子的世界，本次闯关的任务是：尝试改变祥子的命运。"洪亮的声音刚落，小歪眼前便出现了一个界面，上面写着：

观看祥子的故事，你可以选择在任意一个时间进入故事，劝祥子重新做决定，以此改变祥子的命运。

你有两次机会，只要有一次成功，闯关就算成功。

若两次闯关都不成功，可进入附加题环节，将附加题回答正确，闯关也算成功。

小歪发愁地皱起了眉头——改变祥子的命运，这也太难了吧！他用求助的目光看着书虫，书虫一时也没有主意，便鼓励道："先看看呗，说不定看着看着就想到办法了。"

眼前的文字逐渐淡去，出现了一个电视屏幕。

一群穿着青色外衣的车夫正拖着人力车来回奔跑。

道路旁的车行里，祥子的脸通红，手哆嗦着，拍出九十六块钱来："我要这辆车。"

"听听声儿吧，铃铛似的！拉去吧，你就是把车拉碎了，要是钢条软了一根，你拿回来，把它摔在我脸上！一百块，少一分咱们吹！"铺主冲着祥子说。

小歪看着祥子和铺主讨价还价，最后乐呵呵又小心翼翼地将车子拉到了门外的大路上。

"书虫，你还记得祥子是怎么失去第一辆车的吗？"小歪问。

"当然记得，他为了两块钱，拉顾客去清华，结果遇上了兵匪，车被兵匪抢了呗。"书虫不假思索地回答。

"对！如果我能阻止祥子去拉那趟车，他就不会遇到兵匪，车就不会被抢，他的命运是不是就可以改变了？"小歪兴奋地说。

"好像有点道理。"书虫沉吟着，"不过……"

小歪已经迫不及待地想试试了，他目不转睛地看着电视屏幕，待听到有人喊"有上清华的没有？"，马上选择了"进入"。忽然眼前一暗，再睁眼时，小歪竟然也成了一个人力车夫，拉着车子站在祥子旁边。

"两块钱吧，我去！"一个年轻光头的矮子开玩笑似的答应了一句。

"拉过来，再找一辆！"顾客大声说。

年轻光头的矮子冲着祥子喊："大个子，你来，怎样？"

祥子笑了。小歪赶紧阻止道："祥子，我们不去。你想啊，平时去清华，也就二三毛钱的事情，现在两块钱都没人去，肯定有危险。你可别为这两块钱冒险啊！"

祥子刚要迈出去的脚收了回来。

小歪乘胜追击："再说，你刚买了新车，万一出什么事，可不是闹着玩的。"

小歪本以为祥子肯定会打消出车的主意，没想到祥子听了这些话后，依旧拉起车，朝前迈出了步子："我倒是觉得可以去试试，我个子大，跑得快，车子也是新的，遇到危险来得及躲开。再说，买了车，我一点钱都没有了，这个世道，在哪里拉车都危险，不是吗？"

小歪急了，他大喊道："可是，你拉这趟车去清华，车子会被兵匪抢走的！"

祥子像没听到一般，朝着顾客的方向跑去，小歪依稀听到他说："你怎么知道的？道听途说的东西，我可不信。"

祥子和矮个子车夫一起，拉上顾客，朝清华的方向跑去。小歪急得直跺脚，却又无可奈何。他的耳畔传来一个声音："第一次尝试，失败！"眼前又一暗，再睁眼时，小歪又回到了电视屏幕前。

"祥子就是个大笨蛋！"小歪气得直跺脚。

看着小歪气急败坏的样子，书虫忍不住想笑："你对于他来说，就是个陌生人。你这样冒失地劝他，他怎么会听呢？再说，祥子说得也有道理，他刚买了车，没钱，他得活着，哪怕冒风险，钱还是得赚啊！"

"算了，算了，祥子的车肯定被抢了。"小歪懊恼地说，"赶紧想想接下来怎么改变祥子的命运吧！"

果然，屏幕中，祥子遇到了兵匪，车子被抢了，他也被兵匪押走了。

小歪努力让自己平静下来，认真回想着故事内容。片刻之后，小歪眼前一亮，大声说："我知道怎么改变祥子的命运了。你还记得祥子为买第二辆车攒的钱去哪儿了吗？"

书虫回答道："当然记得，被孙侦探敲诈了呗！"

"对啊！在被孙侦探敲诈之前，高妈曾建议祥子将钱存进银行、拿去放账或者起会，可是祥子都拒绝了。如果祥子按照高妈的话去做了，即使被孙侦探敲诈，他的钱也不会全被拿走，第二辆车也不会成为泡影，祥子的命运就能被改变了。"小歪说出了自己的想法。

"你打算怎么说服祥子呢？"书虫问，"贸然去的话，他不一定会听你的。"

"如果我能成为高妈去劝他就好了，"祥子说，"祥子和高妈很熟悉，不会提防她。我的口才比高妈好，一定能劝祥子把钱存进银行里。"

说话间，屏幕中的故事已经发展到高妈和祥子聊天的情景了。小歪只觉得眼前一黑，便进入了故事中，哈哈，他真的成了高妈。

"祥子，听我一句劝，把你口袋里那几个现洋存到银行里去吧！"小歪拍拍祥子的肩膀，"你看我的钱，存在里头，不仅安全，还有利钱，多好！你这样把现洋放在口袋里，万一掉了或者被偷了，多不安全啊！"

"高妈，你放心，我把它们看得比自己的命还重呢！"祥子憨厚地笑着，"除了买车，不可能有人能从我这里拿走它们。把它们揣在兜里，你不知道我的心里有多踏实。我每拉一趟车，它们就增加一点，这才让我觉得我还活着，还有奔头。"

"存在银行里，你的钱也不会变少，不是吗？"小歪继续劝着，"万一哪一天碰到个拿枪的，就跟抢了你第一辆车的那些人一样，他们用枪抵着你，你的钱还不是保不住。"

祥子脸上的笑意消失了："银行里就没有这样的人吗？除了我自己，我不相信任何人。把钱存进银行，拿在手上的就是一本折子，万一它跑了，这折子有什么用？我还是将钱揣在口袋里安全。"

"大家都把钱存在银行里，就你这点钱，你有什么不放心的？"小歪努力组织语言，"你都已经生活在城里了，得学着用城里人的方式生活。"

"高妈，您甭劝了。"祥子摸摸后脑勺，"我还是那句话，这钱，除了卖车的能拿走，其他都不可能。城里人怎么活，那是他们的事情。我祥子，只想攒钱买车，买车拉活，拉活赚钱。至于其他的，和我没什么关系。"

看着像倔驴一样的祥子，小歪只觉得词穷。忽然，他眼前一黑，再睁眼时，又回到了屏幕前。

"挑战失败！"熟悉的声音响起，"是否进入附加题环节？"

小歪不禁有些懊恼。

"别气馁，这不是还有机会吗？"书虫鼓励道。

小歪点了"确定"，一道题在他面前缓缓展开：

> 两次劝说祥子，尝试改变祥子的命运，你都失败了。请你认真思考：失败的原因是什么？

小歪看看书虫，书虫正一脸认真地看着题目。

"想想你看的《骆驼祥子》电影，想想你了解到的那个时代的信息。"书虫提醒小歪。

听了书虫的话，小歪灵光一闪，脱口而出："原因是当时社会的黑暗。兵匪、孙侦探这样的人太多，祥子就算听我的劝，没有拉车去清华，他的车子也可能在另一个地方被抢。"

面前的题目闪了闪，似乎在期待小歪继续往下说。

"还有什么？"小歪又看向书虫。

书虫皱起眉头，努力地思考着。

小歪看着屏幕中还在挥汗如雨拉车的祥子，回想着自己和他的交流，一个念头一闪而过。

"祥子自己！"小歪脱口而出，"祥子自己也有问题。祥子的想法、做法都是老一套，他不肯接受新事物。他只想着拉车、攒钱、买车……对城里的一切都缺少探究欲。因此，他的眼界太过狭隘，他自然也就很难被说服。"

面前的题目飞快地闪着光，慢慢地，光芒淡了，题目消失了。

"唉，我失败了！"小歪沮丧地低下了头。

书虫正想安慰他，他们眼前忽然出现了一张巨大的海报，海报上是老舍先生的照片，旁边是一段文字介绍：

老舍，原名舒庆春，字舍予，中国现代小说家、作家、语言大师、人民艺术家，新中国第一位获得

"人民艺术家"称号的作家。其代表作有小说《骆驼祥子》《四世同堂》，话剧《茶馆》《龙须沟》。另外，他还专门为小朋友写了一本非常有趣的书——《小坡的生日》。

熟悉的声音响起："恭喜你，闯关成功，获得老舍先生的海报一张！"

一张青色的卡牌慢悠悠地从迷宫上方飘下来，轻轻地落在小歪的脚边。

小歪蹲下身子，飞快地捡起，只见上面有祥子拉车的画面。熟悉的声音再次响起："如果你想到了改变祥子命运的办法，欢迎你带上这张青色卡牌来挑战。"

这下，小歪高兴了，他激动地在书虫面前晃动着卡牌："书虫，你看，我竟然成功了，哈哈，我竟然成功了！"

第 9 章

紫色闯关
《朝花夕拾》与共鸣法

01

小诗疑心又起

"你看，我们有六张卡牌了！"小歪将"红橙黄绿青蓝"六张卡牌放在书桌上，得意扬扬地欣赏着，"等拿到紫色的卡牌，我就能获得神秘大奖了。真想知道奖品是什么啊！"

"那就赶紧选一本书，快些看完，闯关去吧！"书虫建议道。

"闯关的时候，书海世界里的声音介绍说《小坡的生日》很有趣，要不，我就看《小坡的生日》。"小歪说。

"我知道这本书，它讲了一个童话故事。"书虫说，"有一个小男孩，名字叫小坡，他有一个妹妹，名字叫仙坡。小坡生日那天，父亲带着他和妹妹游览了群猴嬉戏的植物园，又进了他们从未进过的电影院，观赏了两部影片。那天晚上，小坡梦见自己走入了'影儿国'，目睹了'狼猴大战'。他还集结了各民族的小朋友们，一同投入拯救伙伴的'猫虎大战'。"

"听起来是很好玩的童话，我得推荐给小诗看。"小歪说，"只要她迷上这个故事，就不会像跟屁虫一样烦我了！"

"那你选什么书呢？"书虫的目光在叠得高高的书本中穿梭，"要不，你闭着眼睛选一本好了！"

"你这出的是什么主意！"小歪忍不住笑了。

"哈哈，小歪，这回被我抓住了吧！"小诗推开门，闯了进来，"我在门口听了很久了，你刚才在和别人聊天。"

小歪吓了一跳，幸好书虫早就藏起来了。他装作若无其事的样子说："哪有别人，我这不是在和这些卡牌聊天嘛！"

"卡牌又不会说话，我都听见他的声音了，细细的，还让你赶紧选书去。"小诗气势汹汹地说，"今天我一定要把他找出来。"

小诗说着，就在房间里搜索起来。

尽管知道小诗不可能找到书虫，小歪的心还是提到了嗓子眼。他装作整理卡牌的样子，在书桌旁站着，关注着小诗的一举一动。

小诗搜索了一圈，没有发现什么东西。她又生气又怀疑，将探照灯一般的目光转向了小歪："小歪，你说，你在和谁说话？"

"我真没有！"小歪努力解释着，"你也搜查过了，哪有别人？我在和这些卡牌聊天呢！"

小诗将信将疑的目光转向了小歪手中的卡牌，她被这些五颜六色的卡牌吸引住了："哇，好漂亮的卡牌啊，小歪，这是哪里来的？"说着，伸手想拿卡牌。

"我买的。"小歪赶紧将卡牌藏在身后，"限量版，很贵的。"

小诗更生气了："小气鬼，上一回舍不得几块石头；这一回，几张卡牌给我看看都不行吗？"

小歪最怕小诗生气，他将卡牌递给小诗，叮嘱道："小心一点，可别折坏了。"

小诗接过卡牌，她可喜欢上面栩栩如生的画面了，小心地摩挲着："小歪，送我一张，好不好？"

小歪赶紧将卡牌收回来："不行，这是一套的，少了一张就不完整了。"

"小气鬼，小气鬼！"小诗跺着脚，"我告诉外公外婆去！"

"别……"小歪伸手想去拉小诗，小诗已经像风一样朝楼下跑去了。

小歪能想象小诗是怎样向外公外婆告状的，外公外婆吃饭的时候会怎么念叨自己。他一屁股坐在书桌前，趴在书桌上，叹了口气："唉，一波未平，一波又起，吃晚饭的时候，外公外婆肯定会问起卡牌的事，我都不知道该怎样向他们解释了！"

想到这儿，他赶紧追上去："小诗，小诗，你别告诉外公外婆，我告诉你一个秘密。"

听到"秘密"，小诗的脚步顿住了："什么秘密？"

小歪气喘吁吁地追上去："你看，我这里有六张卡牌。"小歪将卡牌展示给小诗看，"等我收集到第七张卡牌——紫色卡牌，我就可以去换一个神秘大奖。"

"神秘大奖是什么？"小诗好奇地问。

"我也不知道。"小歪摇摇头，"这样吧，你不要去告状，等我拿到奖品，分给你一半！"

小诗安静地想了几秒："那好吧。卡牌我可以不要，不过，你得告诉我，刚才你在和谁聊天？"

天哪！小歪快要崩溃了："姨妈啊，你把表妹带回去吧！怎么绕来绕去又回到这个问题上了！"看来，只能使用缓兵之计了！

小歪用商量的语气说："我现在还不能告诉你。你看这样行不行？等我拿到紫色卡牌，我马上告诉你。"

小诗闻言，伸出右手小指："一言为定，我们拉钩！"

02

初读磕磕绊绊，想放弃

小歪拖着沉重的脚步回到房间："书虫，我要选一本最薄的书，这样就能很快看完。我们得赶紧拿到神秘大奖，然后离开这里，我实在不知道怎么打消小诗的怀疑了。"

书虫点点头："那好吧，你去选选看！"

小歪来到书桌旁，在一大摞书中筛选起来。不一会儿，他举起一本薄薄的书："这本，我看这本！"

书虫定睛一看，那本书是《朝花夕拾》："小歪，《朝花夕拾》是鲁迅的散文集，它虽然薄，但可不是那么好读懂的，你确定就读它了吗？"

小歪翻了翻书的目录："加上'后记'才12篇文章，我一天就把它看完了。如果真的很难读懂，我就多读几遍。"

"好吧，那就选它了！"书虫一锤定音，"等一会儿你拿些好吃的来，我把肚子填饱了，我们就开始吧！"

小歪已经习惯了书虫的"吃货"模样，他跑到楼下，拿了许多好吃的回来，趁书虫大吃大喝的工夫，读起《朝花夕拾》来。

磕磕绊绊读了三篇，小歪不淡定了。

他将书放回桌子上，对正吃得欢快的书虫说："我还是换一本吧，这书一点都不好看。"

书虫拿着甜品的手一顿："这本书是鲁迅的代表作，周作人你知道吧，就是鲁迅的兄弟，他说这本书是'古今少有的书，翻开来看时觉得惊喜，因为得未曾有，及至看完了，又不禁怅然，可惜这太少了'。评价这么高，说明它是非常经典的一本书。"

小歪撇撇嘴："自家兄弟的书，当然得狠狠地夸赞啦！我看了三篇，都不知道在讲什么。"

书虫恍然大悟："原来是因为看不懂，才觉得不好看啊。你前面读的那些，都是小说，小说有小说的阅读方法。这是一本散文集，自然得用读散文的方法来读了。"

"那散文应该怎么读啊？"小歪从书桌上拿起《朝花夕拾》，"你和我说说呗！"

书虫想了想，说："读散文的方法很多，我给你推荐一个比较实用的吧！首先得了解写作背景。散文的创作，往往会受到当时环境、作者经历等的影响，了解写作背景能帮助你很好地理解文章主旨。"

"这我知道，"小歪点点头，"读《骆驼祥子》的时候，我就是用背景法来读的。"

"对。然后就要从整体入手，想想整篇文章的脉络是什么。"书虫继续介绍，"说起散文，我们常说'散文，形散神不散'，从整体入手，就是要梳理整篇文章，找到这篇散文的'神'。"

书虫顿了顿："《朝花夕拾》是一本散文集，从整体入手的话，还要思考各篇散文之间是否有联系。"

小歪努力消化着书虫说的话。

"最后，读散文要展开想象的翅膀。尤其是《朝花夕拾》，尽管其中的散文写的是鲁迅的回忆，但你读的时候要学会结合自己的生活体验，和作者的情感产生共鸣。"

"天哪！饶了我吧！越听越头大！"小歪叹了口气，"听你这么一说，我更加不想读了。"

书虫放下手中的吃的，跳到《朝花夕拾》上："别着急啊，让我带着你开启散文阅读之旅吧！"

03

再读联系自身，生共鸣

　　书虫掏出一张小纸片，递给小歪。小歪将它含在嘴里，马上变得和书虫一样小，他们一起钻进了《朝花夕拾》中。

　　"《朝花夕拾》是鲁迅的回忆性散文。"书虫一边说，一边带着小歪往前走。

　　随着书虫的介绍，眼前出现了一张线条弯弯曲曲的路线图，书虫指着路线图娓娓道来："你看这张路线图，它将鲁迅的十篇散文设置成了三个驿站，分别是童年时期、少年时期和青年时期。"

　　"为什么要这样设置？"小歪好奇地问。

　　"我们去看看就知道了。"书虫笑着回答。

　　他们一起走进"童年时期"驿站，《狗·猫·鼠》

《阿长与〈山海经〉》《二十四孝图》《五猖会》《无常》五个题目正欢快地来回蹦跳着。

"你看，这五篇散文是鲁迅回忆童年时期的。鲁迅的童年很幸福，他的祖父在同治年间中了进士，殿试三甲钦点翰林院庶吉士，授江西金溪县知县，后来考上了内阁中书，还担任了京官。所以，童年时期，鲁迅的家境很好。你读这五篇文章的时候，应该能发现他童年过得很快乐。"书虫说得头头是道。

小歪听得津津有味："那鲁迅的少年时期呢，也是这样幸福吗？"

提问间，他们已经来到"少年时期"驿站前，《从百草园到三味书屋》和《父亲的病》拖着沉重的步伐在里头徘徊。

"为什么这些作品不像童年时期的那样欢快？"小歪问。

"1893 年，鲁迅 13 岁，他的祖父因为科举考试贿赂主考官被判入狱。他的父亲也被革去秀才身份，抓到监狱审问，再放回家时，便开始生病，咳嗽，患上肺结核、肝硬化。1896 年，鲁迅 16 岁的时候，他的父亲便去世了。"书虫的声音有些沉重。

"我明白了，鲁迅在少年时期肯定过得非常辛苦。"小歪说。

"是的，等你读了《父亲的病》，就能从中找到鲁迅少年时期的大概样子了。"书虫郑重地说。

"我猜接下来的'青年时期'驿站里有三篇文章，分别是《琐记》《藤野先生》《范爱农》。"小歪按着路线图继续往前走。

"青年时期的鲁迅，四处求学，从国内到日本再到国内，辗转求索，屡屡受挫，抱负成空。"书虫说，"在这三篇文章里，有南京求学的经历，有对他影响深远的师长，有对至交好友的深切怀念……"

"听了你的介绍，我忽然很想看这些文章了。走吧，我们回去！"小歪拉了拉书虫，转身往回走。

"你看，从整体入手看《朝花夕拾》的每篇散文，同时了解作者写这些文章的背景，能帮助你更好地走近它们。"书虫说得头头是道，长胡子一甩一甩的。

很快，他们从书里钻了出来。小歪捧起《朝花夕拾》，对书虫说："我决定先去看鲁迅的童年故事。"

书虫点点头："读的时候，不能着急，可以一边读一边想象当时的情形，也可以联系你自己的生活实际，看看你的童年和鲁迅的童年有没有相似之处。"

小歪点点头，静心读起来。

也许是因为了解了鲁迅的生活环境，再读时，小歪竟觉得不像第一次读时那般枯燥了，尤其是《阿长与〈山海经〉》，读着读着，竟生出一丝趣味来。

> 她长得黄胖而矮，……常喜欢切切察察，向人们低声絮说些什么事，还竖起第二个手指，在空中上下摇动，或者点着对手或自己的鼻尖……一到夏天，睡觉时她又伸开两脚两手，在床中间摆成一个"大"字，挤得我没有余地翻身，久睡在一角的席子上，又已经烤得那么热。推她呢，不动；叫她呢，也不闻。

循着文字的描述，小歪努力在脑海中勾勒着长妈妈的模样。

> 但是她懂得许多规矩；这些规矩，也大概是我所不耐烦的。一年中最高兴的时节，自然要数除夕了。
>
> 辞岁之后，从长辈得到压岁钱，红纸包着，放在枕边，只要过一宵，便可以随意使用。睡在枕上，看着红包，想到明天买来的小鼓、刀枪、泥人、糖菩萨……。然而她进来，又将一个福橘放在

床头了。

　　"哥儿，你牢牢记住！"她极其郑重地说，"明天是正月初一，清早一睁开眼睛，第一句话就得对我说："阿妈，恭喜恭喜！"记得么？你要记着，这是一年的运气的事情。不许说别的话！说过之后，还得吃一点福橘。"她又拿起那橘子来在我的眼前摇了两摇，"那么，一年到头，顺顺流流……。"

　　这样唠唠叨叨、规矩特多的保姆，一定很有意思吧！小歪想起了自己的外婆，也是这般爱念叨，做起事来讲究各种稀奇古怪的规矩。想到这儿，小歪忽然觉得长妈妈特别亲切。

　　大概是太过于念念不忘了，连阿长也来问《山海经》是怎么一回事。这是我向来没有和她说过的，我知道她并非学者，说了也无益；但既然来问，也就都对她说了。

　　过了十多天，或者一个月罢，我还记得，是她告假回家以后的四五天，她穿着新的蓝布衫回来了，一见面，就将一包书递给我，高兴地说道：

"哥儿，有画儿的'三哼经'，我给你买来了！"

别人不肯买或买不到的《山海经》，长妈妈帮小鲁迅买来了。小歪的眼眶有些湿润，他想象着长妈妈寻找《山海经》的过程：她一定在许多店里辗转，她一定问了很多很多人，她一定将自己口袋里的钱数了又数，才小心翼翼地递给对方，满意地捧起书来，憧憬着小鲁迅看见这套书时的喜悦……

小歪又想起自己的外婆来，她和长妈妈对小鲁迅那样，总是无条件地满足自己的一切要求。记得有一次，老师让大家带上些秋天的稻穗去学校，城里可找不到稻穗，小歪着急地想哭。当时妈妈正和外婆打电话，见小歪像没头苍蝇一样四处乱转，便呵斥道："没有稻穗就空手去，明天借同学的一起观察，这么着急做什么！"第二天早上，小歪起床的时候，床头放着一大把稻穗，妈妈说，那是外婆一大早让舅舅送来的……

想到这儿，小歪觉得自己离长妈妈、离童年时的鲁迅更近了一些。童年时的鲁迅和自己一样，沐浴着亲人的关爱，无忧无虑地成长。当然，也并不是真的什么烦恼都没有！有

时要面临背书的苦恼，有时会调皮捣蛋，有时会觉得孤独，对待事物却已慢慢形成了独立的看法，爱憎分明……这样的鲁迅，让小歪觉得很亲切。

看完了四篇文章，小歪舒了一口气："书虫，我觉得你的方法棒极了，我似乎已经走进书里了。"

04

寻宝闯关 1：
了解鲁迅的性格

沉浸在书的世界里，时间流逝得格外匆匆。转眼一周过去了，小歪已经将《朝花夕拾》看完了。他迫不及待地对着窗台上的彩色石头说："彩色石头，彩色石头，我想去书海世界闯关！"

他将书虫放进口袋里，躺在床上，眼前出现了粼粼的波光。伴随着一圈一圈荡开的波纹，熟悉的彩色石子路出现在小歪面前。他兴奋地朝前跑去，熟练地在点书台上输入"ZHXS"，等屏幕上出现《朝花夕拾》的封面后，点了"确定"。

一张纸飘飘悠悠地落下来，小歪眼疾手快地接住。这是一张纸，正中间写着"寻宝地图"四个大字，下面是纵横交错的地图，夹杂其中的三个礼物盒子显得格外醒目。

熟悉的声音响起："本次闯关主题——寻宝。《朝花夕拾》是一个宝藏，请你沿着寻宝地图提供的路线，找到三个礼物盒子，完成寻宝任务。"

"哈哈，我最喜欢寻宝游戏了。"小歪迫不及待地拿起寻宝地图。

"别只顾着高兴，打开地图研究研究吧。"书虫可比小歪冷静多了。

小歪打开地图，只见在错综复杂的路线下方，有一则简短的说明：

寻宝说明

1.你现在所处的位置是北方，三个礼物盒子分别位于东、南、西三个方位。

2.东方的礼物盒子，名字叫"性格"。

南方的礼物盒子，名字叫"批判"。

西方的礼物盒子，名字叫"语言"。

　　"你看，这里是我们所处的北方，离我们最近的是东方这个叫'性格'的礼物盒子，我们有三条路可以到达那里。我们选最近的这一条路，怎么样？"小歪一边拍着地图一边说。

　　书虫最不喜欢看复杂的地图："行，你带路，我们出发吧！"

　　小歪收好地图，朝着东边的礼物盒子迈进。路很平坦，路边长着些茭白、罗汉豆和不知名的野草。没走两步，他们便被一个路障拦住了去路。

　　"看，是字谜。"小歪仔细观察路障，读出声来，"出口纵横皆成章，一方山影长勾留。（打两个字）"

　　"出口纵横，是'古'字，皆成章，是指部首吧？"书虫自言自语道。

　　"加上部首，'古'可以变成估、姑、咕、故……成章，成文章，是'故'字，对不对？"小歪用询问的目光看着书虫。

　　"对，'一方山影长勾留'，是'事'字。所以，这个字谜的谜底是'故事'。"书虫笑着对小歪说。

　　话音刚落，路障退开。

　　"书虫，真有你的！"小歪高兴地向前走去。

　　忽然，小歪停了下来。突如其来的"急刹车"让口袋里的书虫摔了一跤："小歪，怎么了？"

"我忽然想起一件事情，为什么谜底是'故事'两个字？"小歪说，"《朝花夕拾》不是散文集吗？和故事有什么关系？"

书虫还没回答，三个路障挡住了他们的去路。

"又是字谜吗？"小歪好奇地看着三个路障，只见上面模模糊糊地写了些什么：

> 猫的故事
>
> 长毛的故事
>
> 美女蛇的故事

"我知道了！"小歪回想着《朝花夕拾》里的内容，"这些都是小鲁迅喜欢听的故事。猫的故事是小鲁迅的祖母讲给他听的，长毛的故事和美女蛇的故事是长妈妈讲给他听的。童年的鲁迅和我一样，爱听故事。"

话音刚落，三个路障退开了一些，似乎等着小歪再说些什么。小歪可不管它们，见有一条窄窄的通道，便马上从中间挤了过去。

"我明白了，**爱听故事是小鲁迅的特点之一**。"书虫说，"或许我们需要解锁小鲁迅的性格特点，才能打开那个礼物盒子。"

"那'故事'两个字，就是提醒我们利用'故事'来解锁小鲁迅的性格特点吗？"小歪举一反三，"让我想想，刚才路障上的三个故事，都是小鲁迅听来的。小鲁迅还从书里看了很多故事，比如《阿长与〈山海经〉》《二十四孝图》里表现出的，我知道了，小鲁迅还特别爱看书！"

正说着，面前又出现了一个巨大的路障，上面闪烁着一个问题："小鲁迅从故事中学会了什么？"

"从故事中学会了什么？"小歪喃喃自语，"书虫，这个怎么回答？"

书虫捋了捋胡子，"长妈妈和祖母讲的故事，激发了小鲁迅对世界的好奇心，唤醒了他的求知欲。至于其他的故事嘛，你想想，小鲁迅从中学会了什么？"

小歪忽然想起小鲁迅看《二十四孝图》的故事——小鲁迅读到《郭巨埋儿》的时候，他说不仅自己不想做孝子，而且担心父亲去做孝子。万一家境坏了，祖母又老了，父亲学郭巨，不是要把他给埋了吗？

想到这里，小歪说："小鲁迅特别善于思考，不会书中说什么，他就信什么，他有自己的想法。"

话音刚落，面前的大路障缓缓移开，小歪和书虫顺利来到了礼物盒子前。礼物盒子很大，上面的"性格"两个大字流光溢彩。小歪用手轻轻地碰了碰盒子，它便慢慢地打开了，一阵迷人的香气袭来，小歪和书虫只觉得心旷神怡。

　　"小鲁迅的童年浸润在故事里，他从长妈妈等长辈那里听各种各样的传说，从各色的书籍中寻找喜欢的故事，强烈的好奇心和旺盛的求知欲让他在看书时格外投入。恭喜你获得了礼物盒子'故事'，希望你能和小鲁迅一样，做一个爱看书、会思考的孩子。"

05

寻宝闯关 2：
理解鲁迅的批判

"走吧，朝下一个礼物盒子前进！"书虫扯了扯陶醉在香气里的小歪，"拿出地图看看，接下来去哪里。"

"自然是去南方，"小歪打开地图，指着南方的礼物盒子，"这个叫'批判'的礼物盒子，看起来更大，说不定里面藏着更特别的东西呢！"

他们往南方走，一边走一边等着各种路障出现。可是，走了半天，一个路障的影子都没有。

没过多久，他们便来到了礼物盒子前，上面的"批判"两个大字正闪着灼灼的华光。

"这么容易就到了？"小歪觉得难以置信。

小歪轻触礼物盒子，盒子缓缓打开。小歪睁大了眼睛，满怀期待地看着盒子里头的东西。

"哈哈，还是礼物盒子！"书虫看着盒子里的东西，笑出声来，"三个小一点的礼物盒子！"

小歪可不管这些，他打开了第一个小礼物盒子，里面飘飘悠悠地冒出一段话来：

> 我曾经和这名医周旋过两整年，因为他隔日一回，来诊我的父亲的病。那时虽然已经很有名，但还不至于阔得这样不耐烦，可是诊金却已经是一元四角。现在的都市上，诊金一次十元并不算奇，可是那时是一元四角已是巨款，很不容易张罗的了，又何况是隔日一次。他大概的确有些特别，据舆论说，用药就与众不同。我不知道药品，所觉得的，就是"药引"的难得，新方一换，就得忙一大场。先买药，再寻药引。"生姜"两片，竹叶十片去尖，他是不用的了。起码是芦根，须到河边去掘；一到经霜三年的甘蔗，便至少也得搜寻两三天。

"这是什么意思？"小歪抓抓后脑勺，"不会每个小礼物盒子里都是一段话吧？"

小歪转向另外两个小礼物盒子，用最快的速度打开。

果然不出他所料，随着礼物盒子的缓缓打开，两段话慢慢地升了起来：

（一）

然而在较古的书上一查，却还不至于如此虚伪。师觉授《孝子传》云："老莱子……常衣斑斓之衣，为亲取饮，上堂脚跌，恐伤父母之心，僵仆为婴儿啼。"（《太平御览》四百十三引）较之今说，似稍近于人情。不知怎地，后之君子却一定要改得他"诈"起来，心里才能舒服。邓伯道弃子救侄，想来也不过"弃"而已矣，昏妄人也必须说他将儿子捆在树上，使他追不上来才肯歇手。正如将"肉麻当作有趣"一般，以不情为伦纪，诬蔑了古人，教坏了后人。老莱子即是一例，道学先生以为他白璧无瑕时，他却已在孩子的心中死掉了。

（二）

我笑着跳着，催他们要搬得快。忽然，工人的脸色很谨肃了，我知道有些蹊跷，四面一看，父亲就站在我背后。

"去拿你的书来。"他慢慢地说。

这所谓"书"，是指我开蒙时候所读的《鉴略》，因为我再没有第二本了。我们那里上学的岁数是多拣单数的，所以这使我记住我其时是七岁。

我忐忑着，拿了书来了。他使我同坐在堂中央的桌子前，教我一句一句地读下去。我担着心，一句一句地读下去。

两句一行，大约读了二三十行罢，他说："给我读熟。背不出，就不准去看会。"

他说完，便站起来，走进房里去了。

我似乎从头上浇了一盆冷水。但是，有什么法子呢？自然是读着，读着，强记着，——而且要背出来。

粤有盘古，生于太荒，

首出御世，肇开混茫。

就是这样的书，我现在只记得前四句，别的都忘却了；那时所强记的二三十行，自然也一齐忘却在里面了。

"这是哪门子的礼物盒子啊！"小歪不满地大叫，"礼物盒子里不应该装玩偶、拼装积木之类的吗？"

"我倒是觉得这个礼物很特别呢！"书虫捋着胡子赞叹道，"和'批判'这一主题完美契合。"

"怎么说？"小歪疑惑地问。

"我来说说第一个小礼物盒子里的那段话吧。"书虫清了清嗓子，"看起来鲁迅介绍的是医生如何给父亲看病，实际上他在批判那个医生呢，你看他怎么说的，价格高昂，药引难寻……"

"的确，最离谱的药引是'经霜三年的甘蔗'，本来常见的东西编加个条件让人不易找到。"小歪补充道。

"所以，鲁迅用这种方法来讽刺庸医误人。"书虫继续说。

书虫的话音刚落，第一个小礼物盒子缓缓消失。

"我明白了，这个礼物盒子的主题是'批判'，它是希望我们发现鲁迅在批判什么。"小歪顿时眉开眼笑，"第二个小礼物盒子里的那段话，我来分析试试！"

"这段话我认真读过，这是鲁迅看了《二十四孝图》后的感慨。我觉得他不是很喜欢这本书里的故事，比如'老莱娱亲'，他就觉得是把肉麻当有趣，所以我觉得他在这里想批判的是当时所倡导的'孝道'。什么样的'孝'才是有意义的，什么样的'孝'是空有形式、没什么意义的，他想让我们思考的是这个。"

小歪话音刚落，第二个小礼物盒子缓缓消失了。

"说得真好！"书虫笑着称赞道，"小歪，我觉得你像鲁迅一样，也变得爱思考了！"

　　小歪被书虫一夸，有些得意。他将目光转向第三个小礼物盒子里的那段话，来来回回读了两次，有点懊恼地对书虫说："鲁迅写父亲让自己背书，这也是在批判什么吗？我读不懂。"

　　书虫想了想，说："鲁迅小时候那么爱看书，为什么就不愿意背他父亲让他背的书呢？"

　　"我知道，书里介绍过，鲁迅的父亲让他背的书是《鉴略》，是一本非常枯燥的书，语言也非常拗口，他自然不喜欢背。"小歪回答。

　　"所以，我觉得鲁迅可能是在批判当时这些书，这些不适合孩子阅读的书！"书虫说完，第三个小礼物盒子闪了闪，却没有消失。

　　"那是不是可以往深入了再想想，"小歪说，"给鲁迅读的书不是适合孩子读的，他父亲的方法也是不对的。我记得这段话出自《五猖会》，当时鲁迅正迫不及待地想和伙伴们去看会，他父亲却偏让他背书，这不管搁谁身上，谁都不乐意啊！"

　　"所以，鲁迅想批判的是……"书虫看看小歪，小歪也正好看向书虫，两人异口同声地说，"是当时的教育。"

　　第三个小礼物盒子缓缓消失。

　　"成功！"小歪高兴地和书虫击掌。

06

寻宝闯关 3：
感受鲁迅的语言

寻宝地图上的礼物盒子只剩最后一个——西方的"语言"，小歪和书虫马不停蹄，朝着西方走去。

"散文的语言，不同的作家风格不同。"书虫一边走，一边向小歪介绍，"比如冰心的散文，柔美隽丽；朱自清的散文，绵密醇厚；叶圣陶的散文，清淡平实；汪曾祺的散文，散淡空灵……"

小歪听得头大："书虫，书虫，我没读过他们写的散文，你说得再多也没用啊。"

"那倒是。"书虫停止介绍，"你说得对，关键得多读。只有拿起散文来读，才能发现它们的语言特点，否则，我介绍得再多也没什么用。"

"说说《朝花夕拾》的语言特点吧，我只顾着读各篇文章，从来没考虑过这些呢！"小歪有些担心地看着书虫。

"你印象最深的是书里的哪些文字？"书虫不急着回答，反问道。

小歪张口便背：

> 不必说碧绿的菜畦，光滑的石井栏，高大的皂荚树，紫红的桑椹；也不必说鸣蝉在树叶里长吟，肥胖的黄蜂伏在菜花上，轻捷的叫天子（云雀）忽然从草间直窜向云霄里去了。单是周围的短短的泥墙根一带，就有无限趣味。油蛉在这里低唱，蟋蟀们在这里弹琴。翻开断砖来，有时会遇见蜈蚣；还有斑蝥，倘若用手指按住它的脊梁，便会拍的一声，从后窍喷出一阵烟雾……

"停，停！"书虫打断了他，"看来你很喜欢这段话。"

"是啊，这段特别好背，我读了两次，就背下来了。而且，读完后，我特别想去百草园看看，你说那里得多有趣啊！"小歪迫不及待地向书虫分享自己的阅读感受。

"这段话的确广为传诵。鲁迅回忆了在百草园里的生活，生活有趣，所以文字节奏明快，读起来就特别朗朗上口。《朝花夕拾》的每篇散文，都是深嵌于鲁迅记忆中的东西。在表达的时候，**鲁迅用最诚恳的笔触，真实地记录自己的情感**。"书虫介绍道。

"的确，读《朝花夕拾》，我觉得鲁迅是在将自己的经历娓娓道来，**无论这经历是幸福的还是不幸的，他都不做修饰，因此文章让人感觉很自然，不做作**。"小歪一边回想着书里的每篇文章，一边说。

"不过，《朝花夕拾》也有和其他作家的散文不同的地方。"书虫说。

"哦，是什么？"小歪好奇地停下了脚步。

"就是你找到的前一份礼物啊！"书虫笑着说，"**批判，鲁迅的散文有着杂文一般的犀利，很多地方藏着他的批判思想**。这个，是他的语言中非常典型的特点。"

小歪点点头，若有所思地继续前行。

正走着，不知是触发了什么机关，小歪面前忽然出现了一个发光屏，屏幕上滚动着许多人的照片。

"这个好像是……长妈妈！"小歪指着其中的一张照片，"还有这个，肯定是衍太太。"

照片中的人物各不相同，遇到小歪不认识的，书虫一一向他介绍："这是寿镜吾，三味书屋的老师；这是范爱农，鲁迅的朋友……"小歪看得心花怒放。

看了好一会儿，人物的照片还在不停滚动。发光屏挡住了去路，小歪有些着急，他随手往屏幕上一点，正点在范爱农的照片上。

屏幕闪了闪，照片下出现了一行文字：请以《范爱农》这篇文章为例，说说鲁迅的语言特色。

小歪愣住了，早知是这样的结果，他应该选择长妈妈或者藤野先生啊，他对他们更了解，说起来肯定会更流畅些。

后悔已经来不及了，小歪努力回想着《范爱农》的内容，还不停地使唤书虫："帮我把全文变出来呗！实在不行，你背给我听也成啊！"

书虫拗不过他，只好按照他的要求，一点一点地回顾文章内容并背给他听：

> 这是一个高大身材，长头发，眼球白多黑少的人，看人总像在渺视。他蹲在席子上，我发言大抵就反对；我早觉得奇怪，注意着他的了，到这时才打听别人：说这话的是谁呢，有那么冷？认识的人告诉我说：他叫范爱农，是徐伯荪的学生。

"鲁迅的散文情感真，不做作。他和范爱农之间有过冲突，他甚至一度很讨厌范爱农。这些，在《范爱农》中，他都毫不做修饰地写了出来。"

"老迅，我们今天不喝酒了。我要去看看光复的绍兴。我们同去。"

我们便到街上去走了一通，满眼是白旗。然而貌虽如此，内骨子是依旧的，因为还是几个旧乡绅所组织的军政府，什么铁路股东是行政司长，钱店掌柜是军械司长……。这军政府也到底不长久，几个少年一嚷，王金发带兵从杭州进来了，但即使不嚷或者也会来。他进来以后，也就被许多闲汉和新进的革命党所包围，大做王都督。在衙门里的人物，穿布衣来的，不上十天也大概换上皮袍子了，天气还并不冷。

我被摆在师范学校校长的饭碗旁边，王都督给了我校款二百元。爱农做监学，还是那件布袍子，但不大喝酒了，也很少有工夫谈闲天。他办事，兼教书，实在勤快得可以。

"鲁迅的散文中常常可以看见批判和讽刺的影子，比如这段话描写的就是当时的社会状况，最具讽刺意味的是'内骨子是依旧的'。这样依旧的环境，却是范爱农所期盼已久的希望，这不能不说是一种悲哀。"小歪在书虫的提示下，继续说着。

> 　　他死后一无所有，遗下一个幼女和他的夫人。有几个人想集一点钱作他女孩将来的学费的基金，因为一经提议，即有族人来争这笔款的保管权，——其实还没有这笔款，大家觉得无聊，便无形消散了。

　　"鲁迅的散文没有华丽的辞藻，却做到了写人写出人物的神韵，写事写出事件的本质。这也是他散文语言的特点之一。"书虫见小歪不说了，赶紧补充道。

　　发光屏缓缓退去，小歪和书虫继续向前，朝最后一个礼物盒子走去。

　　终于，他们抵达了最后一个礼物盒子，上面的**"语言"**两个大字正闪闪发光。小歪轻触礼物盒子，盒子慢慢地打开了，一张紫色的卡牌掉了出来，熟悉的声音响起："恭喜你，闯关成功！收好这张紫色卡牌，如果你还想来《朝花夕拾》的世界逛逛，可以拿着它告诉彩色钥匙，它会带你前来。"

　　"太好了，我集齐所有的卡牌了！"小歪激动得想大喊大叫，一激动，便醒了过来，手中果真握着一张紫色的卡牌。

第10章

神秘大奖

01

小诗看见了书虫

"书虫，你看，我集齐了所有的卡牌！"小歪献宝似的将七张彩色的卡牌递到书虫面前，"你看它们的颜色，多么漂亮啊！"

"好看！好看！"书虫由衷地赞叹。

"我迫不及待地想知道书海世界的神秘大礼到底是什么！"小歪充满憧憬地望着窗台上彩色的石头。

"哈哈，我看见了！"小诗忽然从门外蹿了进来，"真不枉我天天守着，小歪，我看见那个和你聊天的小不点了！"

小歪吓坏了。一旦被别人发现，书虫就会消失！对于他来说，书虫是老师，是伙伴，更是亲人，如果书虫消失了，他无法想象自己会有多难过！

　　小歪回头，书桌上早已没有了书虫的影子。

　　"你看错了！"小歪装作淡定的样子。

　　"不可能，那个小不点从书里钻出来，有长长的白胡子，我都看见了。你们还在说什么卡牌，给我看看，是什么卡牌？"小诗一激动，说话极快，一阵压迫感袭来。

　　"不行！"小歪下意识地将所有的卡牌握在手心里。

　　"行！我现在就去告诉外公外婆，让他们把你养的那只小宠物找出来！"小诗说着，转身向楼下跑去。

　　小诗刚走出房门，小歪便轻声呼唤着书虫："书虫，书虫，你在哪里？"

　　没有书虫的身影！

　　小歪急了："书虫，书虫！"他一边叫着，一边冲到书桌旁，飞快地翻看着每一本书。

　　依然没有书虫的身影！

　　难道……难道就这样失去他了？！这个念头一冒出来，小歪便觉得心如刀绞："不会的，不会的，书虫不会离开我的！"

　　小歪打开书桌抽屉，用乞求的声音呼唤着："书虫，书虫，小诗已经出去了。你别吓我，快出来吧！"

　　抽屉里静悄悄的。

　　眼泪流满了小歪的脸庞，他也顾不上擦一擦。他跑到床边，将被子、枕头一股脑儿推到地上。曾经，书虫最喜欢躲在软软的被子里了。"书虫，求你了，快出来吧，不要吓我！"小歪的手颤抖着，期盼着书虫突然出现在被子里。

可是……什么都没有！

小歪一屁股瘫坐在地上，他全身的力气仿佛都被抽光了。"书虫，书虫！"他喃喃着，脑海中不由自主地浮现出往日的一幕幕：带着他钻进书本里的书虫、甩着长胡子找书的书虫、教他写作文时侃侃而谈的书虫、躺在床边享受晚风的书虫、对着美食流口水的书虫……

"对，美食！"小歪想到书虫的最爱，灵光一闪，从地上站起，冲出房门，到楼下找出饼干、巧克力、外婆做的甜糕……

"小歪，你做什么？"外婆和小诗惊讶地看着没头苍蝇一般的小歪。

小歪顾不上回答，他抱着一堆甜食奔进自己的房间，哽咽着说："书虫，书虫，快来吃好吃的，这些都是你的最爱！"

外婆和小诗走进房间时，小歪正抱着这堆甜食痛哭，嘴里还不停念着："都是你爱吃的，都是你爱吃的！"

小诗向外婆叽叽咕咕不知说了些什么，又找了半天书虫，啥也没找到。外婆以为他们在开玩笑，嘟嘟囔囔地下楼了。小诗满心狐疑，但也只能无可奈何地离开了。

小歪呆坐了很久，他的目光转向窗台。曾经，书虫最爱躺在彩色的石头上吹晚风了。彩色石头，书海世界！小歪觉得这是唯一的希望了！

02

神秘大奖换愿望

    小歪躺在床上，伴随着熟悉的感觉，眼前出现了粼粼的波光，耳畔响起了熟悉的声音："光临书海世界的第1098749376位游客，恭喜你集齐了所有的卡牌，你是第一位成功集齐所有卡牌的游客，你将获得神秘大奖。"

    小歪很想知道神秘大奖是什么，可是，想到楼梯上不断向自己房间靠近的小诗，他按捺住心头的好奇，用乞求的口吻说："我……我能用神秘大奖换一个愿望吗？"

    熟悉的声音停顿了很久："这份神秘大奖将给你带来意想不到的东西，你真的要为了你的愿望放弃它吗？"

    小歪想起了书虫，想起他贪吃的模样，想起他带自己在书本里遨游的场景，想起他长长的胡子和永远慵懒的神情……他毫不犹豫地说："我放弃，只要你帮我实现愿望，我愿意放弃神秘大奖。"

熟悉的声音叹了口气："好吧，说出你的愿望。"

小歪大声说："请让我的表妹小诗忘记她看见书虫的那一幕，让我的好朋友书虫回到我的身边！"

"你提了两个愿望，我只能帮你实现一个！"熟悉的声音说。

小歪很无奈："那就拜托您，让我的表妹小诗忘记她看见书虫的那一幕吧！"

话音刚落，小歪便醒了过来，他躺在床上，小诗正推开门走进来，她气势汹汹，身后跟着围着围裙的外婆。

"小诗！"小歪用担忧的目光看着小诗，余光却不时从书桌上的书本间飘过。

"小歪，你……"小诗大声喝道，"你……"

小歪一看她那模样，就知道自己在书海世界许的愿望实现了，小诗真的忘记自己曾经看到什么了。

小歪顿时有了底气："小诗，怎么了？我刚睡了一觉，正准备起来呢！"

"你……"小诗使劲想着自己想说的话，她觉得自己肯定忘记了什么重要的东西，却怎么也想不起来自己忘记了什么，"我……我想说什么来着！"

"你们俩！"外婆埋怨道，"生怕外婆不够忙是吗？"

外婆将手放在围裙上擦了擦，转身下楼了。

小诗一脸疑惑地看着小歪："小歪，我刚才是不是来过你的房间？"

小歪点点头："是啊，你刚才忽然闯了进来，说要把我前几天偷偷溜进外公书房的事情告诉外婆。我都求你半天了，你怎么忘了？"

小诗恍然大悟："难怪我会去叫外婆呢！我说我好像忘了什么，原来是这样。哼，中午我告诉外公去，让外公好好教育你！"

小诗说着，也从小歪房间里出去了。

小歪看着小诗走进她自己的房间，便飞快地关上房门，奔回书桌旁，轻轻地、忐忑地呼唤着书虫："书虫，书虫，你快出来吧！"

没有回应。

"书虫，书虫，小诗忘记她看见的那一幕了，你回来吧！"小歪更加焦急地呼唤。

依旧没有动静。

"书虫，书虫，你可别吓我！"小歪的鼻子一酸，眼泪便在眼眶里打起转来，"我……我不能没有你，你……你快回来吧！"

"对不起，我没有保护好你！"小歪的眼泪落了下来，他翻着每一本书，希望有奇迹发生。

四周静悄悄的，只有窗外的蝉鸣，一声又一声。

小歪颓然地坐在椅子上。

"想叫我回来，竟然没有一点好吃的！"书虫的声音从一本书下传来，熟悉的白胡子露出来了，小小的脑袋探出来了……

是书虫！

小歪激动地跳了起来，他马上跑到房门边，往外瞧了又瞧，才放心地回到书桌旁，将书虫放在自己的手掌心里："太好了，书虫，噢，实在是太好了，你没有离开，不，你永远都不能离开！好吃的，我现在马上去拿……"

小歪哭了。书虫笑了。

看着书虫的笑容，小歪顾不得擦去脸上的泪珠，忍不住也咧开嘴笑了。

03

特别奖励当评委

"错过了神秘大奖，你觉得遗憾不？"书虫靠在窗台的彩色石头上，认真地问小歪。

"遗憾，当然遗憾！"小歪说，"神秘大奖啊，据说可以让我有意想不到的收获，说不定可以让我当骑士，可以让我上太空，可以让我变神仙……"

"可惜，错过就永远错过了！"书虫叹了口气。

"和你开玩笑的啦！"小歪将书虫放进自己的手掌心里，"没有什么比你更珍贵！神秘大奖，肯定还有机会获得。失去你，我会后悔一辈子！"

书虫的胡子被风吹得抖动起来，他的眼眶似乎有些湿润。

小歪生怕书虫掉下眼泪来，他摸了摸窗台上的彩色石头："书虫，再陪我去一次书海世界吧，我想对它说声谢谢，谢谢它把你带回我的身边！"

书虫点点头，跳到了小歪的衣兜里。

小歪对着窗台上的彩色石头轻轻地念道："彩色石头，彩色石头，我想去书海世界，带我去书海世界吧！"

小歪躺在床上，眼前出现了波纹晃动的感觉。片刻工夫，他便来到了一个彩色的世界，到处都是石头，大的、小的、圆的、椭圆的、红的、绿的……

面前还是那条熟悉的路，路的中间依然闪烁着那首诗：

没有一艘船能像一本书

［美国］狄金森

没有一艘船能像一本书

也没有一匹骏马能像

一页跳跃着的诗行那样——

把人带往远方。

这渠道最穷的人也能走

不必为通行税伤神

这是何等节俭的车——

承载着人的灵魂。

"尊敬的第 1098749376 位游客，欢迎光临。你的闯关任务已经结束，请问你有什么事吗？"熟悉的声音在耳边响起。

小歪在迷宫前停住，大声喊："亲爱的书海世界，谢谢你帮我实现了愿望！"

"不用客气，你是迄今为止第一位闯关成功的游客，帮你实现愿望是我们应该做的。"熟悉的声音不疾不徐，"尊敬的第 1098749376 位游客，如果再给你一次选择的机会，你还会做同样的决定吗？"

书虫从小歪的衣兜里探出脑袋，他的长胡子一抖一抖着。小歪低头看了看书虫，抬头坚定地说："当然，他是我最好的伙伴，没有什么比他更重要！"

熟悉的声音沉默了良久，说："尊敬的第 1098749376 位游客，你热爱阅读，又第一个闯关成功。对于书海世界来说，你是非常特别的。另外，你重情重义，这让我们很感动。出于这两点考虑，我们决定给你一个特殊的奖励——邀请你担任'名著人物超级秀'活动的评委，你是否愿意？"

"愿意，我当然愿意！"小歪抑制不住内心的喜悦，"活动是在书海世界举行吗？"

"是的。"熟悉的声音回答，"明天的这个时候，请你再次来到这里，我们会带你去活动现场。"

"好啊，好啊！"小歪忙不迭地点头，"可是，在这里举行活动，参加活动的都有哪些人呢？"

"到时候你就知道了！"熟悉的声音说，"回去吧，再次感谢你光临书海世界。"

晃动的波纹消失了。小歪睁开眼睛，他简直无法用语言形容此时的心情，他想蹦跳，想狂奔，想大叫……明天，他将作为特邀评委，参与书海世界的活动！这真是太酷了！如果有时间遥控器，他一定使劲按"快进"键，让明天马上到来！

好不容易到了晚上，小歪毫无睡意，躺在床上辗转反侧："书虫，你说明天会有哪些人参加活动呢？"

"可能会有像你一样收集了整套彩色石头的孩子。"书虫想了想，回答道。

"我有一种强烈的预感，参加活动的不止孩子，肯定还有很多意想不到的人物。"小歪唰地一下从床上坐起来，"你说万一有外星人来，怎么办？"

书虫只觉得眼前有无数黑线飘过，他嘟哝道："真是神奇的脑洞！"

小歪沉浸在自己的喜悦中："不行，我得多准备点东西。对，本子，带上新本子和笔，万一有外星人或者其他生物，让他们给我签个名！"

小歪从床上蹦起，来到书桌旁，手忙脚乱地找新本子和笔。

"纪念品，对，我还要带些纪念品，万一遇到特殊的人物，我就把纪念品送给他，说不定他也会送给我神奇的礼物呢！"小歪越想越激动，在房间里来来回回地忙碌。

"好了，好了，睡觉吧，已经很晚了！"书虫打了个哈欠。

书虫不知道小歪是几点睡着的，只记得在自己迷迷糊糊快要睡着的时候，小歪还在不停地自言自语。

04

名著人物模仿秀

约定的时间终于到了。

迷宫的大门缓缓打开，彩色的石子路延伸向远方。

"尊敬的第 1098749376 位游客，感谢你担任此次活动的评委。请你按照红、橙、黄、绿、青、蓝、紫的顺序，踩着彩色石头前进，依次经过红、橙、黄、绿、青、蓝、紫七色指示牌后，你将抵达今天的活动现场。"熟悉的声音在小歪耳边响起。

"真好玩！"小歪想着，朝面前的红色石头踩去，红色的石头亮了，前面的橙色石头也亮了，似乎在指引着小歪向前走。

石子路两边贴满了海报，海报上是各种人物图像和形形色色的宣传语，小歪看得眼花缭乱。

没过多久，他便经过了七色指示牌，眼前的世界豁然开朗。

一个七彩的舞台！用各种书堆砌而成的七彩舞台！红、橙、黄、绿、青、蓝、紫和着节奏蹦跳，耳边是不知名的歌曲，旋律优美，仿佛能唱进人心里去。

舞台前有红、橙、黄、绿、青、蓝、紫七把椅子，小歪喜欢蓝色的椅子，便一屁股坐在了蓝色的椅子上。

"欢迎特邀评委，书海世界首位闯关成功的游客，第1098749376 位游客入座。"熟悉的声音响起，接着是热烈的掌声。小歪这才明白，那声音说的正是自己。小歪赶紧起身，向观众席致意。

空中出现了晃动的波纹，像飞机着陆时波纹晃动的湖面。波纹越来越大，越来越深，书虫的胡子被波纹拉扯着，跟着一起晃动起来。

"什么情况？"小歪吃惊地抬起头。

红、橙、黄、绿、青、蓝、紫，一架飞船，一架七彩的飞船出现在观众席上空。

小歪和书虫吃惊地张大了嘴巴！

"欢迎美人鱼家族光临活动现场！"熟悉的声音响起。

飞船的门缓缓打开，戴着五颜六色面具的美人鱼们走了出来，他们腰肢纤细，走起路来像踩在棉花上一般。

"天哪，书虫你看，真的是美人鱼！"小歪的嘴巴张得更大了！

"欢迎巨人家族光临活动现场！"

伴随着介绍的声音，一群巨人从飞船里鱼贯而出，他们身材高大魁梧，身上披着的五颜六色的披风随着水波的晃动而晃动，看上去就像飘扬的彩旗。

"书虫，书虫，你看那些巨人，有五个我那么高，多酷啊！"小歪仰头欣赏着巨人的风姿，忍不住惊叹。

"欢迎精灵家族光临活动现场！"

小歪的眼睛一眨不眨地盯着飞船的门，大大小小的精灵出现了，有的头上顶着尖角，有的背上长着翅膀，有的像树木一样高大，有的却像小鸟一样娇小……他们穿着五颜六色的衣服，姿态优雅端庄。

忽然，小歪竟然发现了另一个书虫，一个长得和自己衣兜里的书虫一模一样的书虫。

"书虫，书虫，你看，那是你的兄弟吗？"小歪惊讶地问。

书虫惊愕地看着对面的书虫，他明显比自己小——书虫的年龄可以通过胡子判断，对面的那只书虫，胡子显然要稀疏且短一些。

对面的书虫跟着精灵们入座了。

同样的情形忽然在脑海中闪现，书虫终于想起来了：在很小很小的时候，自己也来过这里，也曾以观众的身份坐在观众席上。

"难怪我总觉得这里很熟悉！"书虫喃喃道。他回想起爸爸妈妈说的话——"书海世界就像是你……叔叔的家。世界上的书以各种形式出现，像书海世界这样的地方还有很多很多，等你长大，可以慢慢游历！"

"哦，书虫！真没想到还能看到你的兄弟！"小歪的眼睛闪着光，接着他又懊恼地说，"我应该带上手机拍照的，哪怕带上笔和本子也好啊，还能让他们给我签个名。都怪你，什么都不让我带！"

书虫惊愕地看着眼前的一切，甚至都没听清小歪说了什么。

飞船上的来客在观众席上坐定，后面陆陆续续地又来了一些嘉宾，他们都打扮得格外正式。

没等小歪细看，舞台上七彩的幕布缓缓向两边移动，主持人登场了。只见他戴着高高的尖头帽，穿着一件黑色的斗篷，看起来像一个魔术师。最显眼的是他手中的话筒，像一根魔杖，七彩的光芒不时变幻着，绚烂夺目。

"尊敬的各位评委，亲爱的观众朋友们，大家好！"主持人的声音一响起，小歪就觉得特别熟悉，那正是每次他来书海世界时听到的那个声音。

　　好似有心灵感应，主持人朝着小歪挤了挤眼睛："非常感谢大家来到'名著人物超级秀'活动现场。本次活动由书海世界独家举办，美人鱼家族、巨人家族、精灵家族中热爱阅读的成员，受邀担任观众评委，特邀神秘评委十名，他们将一起为参加比赛的七位选手打分。"

　　主持人顿了顿，继续说："出于书海世界的惯例，特邀神秘评委的名单，我们将予以保密。本次比赛秉持公平、公正原则，相信选手们一定可以赛出风格，赛出水平！"

　　"接下来，我们将进入第一个环节——名著人物模仿秀。七位选手将依次登场，借助表演介绍自己，评委们可利用座位旁边的按钮给七位选手打分，并在备注栏里记录扣分原因。我们的比赛是 10 分制，最高分 10 分，最低分 0 分。让我们用掌声欢迎第一位选手闪亮登场！"主持人说完，挥了挥手中七彩的话筒，七彩的烟雾顿时飘起，舞台变得梦幻起来。

　　一个拖着黄包车的男人上场了，他的头不很大，皮肤很白，圆眼，肉鼻子，两条眉很短很粗，最显眼的是他那光秃秃的脑门，在舞台的灯光下闪着耀眼的光。他穿着藏青色的褂子，腰上绑着一根粗粗的带子，显得肥腿的白裤里的腿格外有劲。

他一上台，就拉着黄包车跳起了欢快的舞蹈，一边跳还一边哼着说唱乐：

"我是祥子，拉黄包车的祥子。

"这条街上，我是最帅气的孩子。

"我的车子，最有样子。

"坐我的车，超省票子。"

祥子的说唱乐太有节奏感了，观众们情不自禁地跟着动起来，小歪的身体也不自觉地摇晃起来。现场气氛动感而热烈。

尽管祥子跳得很好，小歪还是只在按钮上给他打了7分，他在备注栏里写下了扣分的原因：肤白如雪赛女生，阳光帅气又洋气，未经风吹与日晒，此等样子不可能。

小歪一完成打分，按钮便自动恢复原样。与此同时，舞台上又热闹了起来。

"你挑着担，我牵着马……"伴随着《西游记》电视剧主题曲的旋律，唐僧、孙悟空、猪八戒、沙和尚和白龙马缓缓走来。

唐僧念起了开场白："阿弥陀佛，贫僧唐三藏，此生最大功绩，乃是从东土大唐，往西天求取真经。今日在此，回望走过的路，吾等找到西行之旅中说得最多的一句话，对这段经历进行总结。"

唐僧说着，对着孙悟空做了一个"请"的手势。

观众们都用期待的目光看着孙悟空，小歪更是迫切想知道，电视剧《西游记》中孙悟空说得最多的一句话是什么。

只见孙悟空蹦蹦跳跳上前，冲着猪八戒和沙和尚大喊道："八戒，师父呢？沙师弟，师父呢？"

观众们哈哈大笑，小歪也忍不住笑出声来。

这时，沙和尚挑着担，一脸焦急地说："大师兄，不好了，师父被妖怪抓走了！"

小歪心想：还别说，《西游记》里，沙和尚说得最多的正是这一句，谁让他憨厚老实呢！

猪八戒挺着大肚皮，一摇一摆地上前："师父，猴哥会来救我们的！"接着，他来到沙和尚面前，将他的行李担子往边上一推："散伙，散伙，回高老庄去！"

看着猪八戒那样，观众们又乐开了花。

小歪在按钮上输入了"9 分"，这一组的模仿，不仅有趣，而且紧扣人物特点，非常符合他的心意。

按钮恢复了原状，其他模仿秀表演者依次登场，高个子、矮个子、大胖子、瘦小子、穿着大褂的、提着鸟笼的、拿着酒壶的……各色人物齐登场，他们操着天津方言，一开口就像说相声，那是《俗世奇人》组合；蹦蹦跳跳上场、调皮捣蛋逗趣的，是汤姆和他的小伙伴；鲁迅的扮演者先模仿了小时候的"迅哥儿"，又模仿了求学时的"鲁迅"；一脸雀斑、红色长发的安妮彬彬有礼；英姿飒爽的战马带大家穿越到了战场之上。

　　"名著人物模仿秀"就像盛宴的序曲，将现场观众的情绪完全调动起来了。雷动的掌声此起彼伏，小歪对接下来的表演充满了期待。

05

名著人物主题演讲

　　头戴尖头帽的主持人闪亮登场了，他的脸上饱含笑意："刚才的模仿秀精彩吗？"

　　观众们异口同声地回答："精彩！"

　　"好，那就让我们一起期待接下来的名著人物主题演讲环节。本环节由三部分组成：参赛者演讲，嘉宾提问，特邀评委进行最后的点评。"主持人说着，看了小歪一眼。小歪这才想起，自己是特邀评委的一员，他赶紧打起十二分精神，期待着接下来的选手登场。

　　首先登场的是"汤姆"，他已经脱下了参加模仿秀时的外套，换上了一套十分正式的衣服。他走到舞台中间站定，行礼，用响亮的声音开始演讲：

尊敬的各位嘉宾、各位评委：

大家好！

今天我演讲的主题是"勇敢做自己"。

比起戴上面具，永远微笑，我宁愿摘下面具，偶尔怯懦，做真正的自己。

每个人的命运生来不同。有些人，父母为他铺好了所有的路，父母的梦想代替了他的梦想，他为别人而活；有些人，不肯面对自己多舛的命运，还未进行尝试便选择放弃，他不愿做自己；还有些人，生活中一片坦途，却安于现状，不肯拼搏，他做不好自己。

勇敢做自己，需要直面一切困难的勇气，需要敢于挑战自我的担当，需要坚守成为"我"的方向。

我是个调皮的孩子。从记事开始，我便生活在波莉姨妈家，我渴望成为绿林好汉，能够劫富济贫。为了实现梦想，我带着小伙伴们多次外出冒险。有一次，我们在荒岛上遇险，差点回不来。当我历经艰难，回到家时，波莉姨妈伤心欲绝，正准备为我举办葬礼。看着悲痛的波莉姨妈，我第一次意识到她爱我，为了她，我应该做一些更好的事。

　　改变自己并不是一件容易的事，我似乎很难成为一个严格意义上的乖孩子。我喜欢冒险，所以，我和小伙伴又去墓地探险。我们看到了鲁滨孙医生、恶棍印第安·乔和喝得醉醺醺的莫夫·波特。印第安·乔杀害了鲁滨孙医生，又嫁祸给莫夫·波特。说实话，当时我吓坏了。我想过当作什么都没看到，因为恶棍印第安·乔什么事情都做得出来。我也因为畏惧逃避过。但是，一个劫富济贫的绿林好汉怎么能连这点勇气都没有？那个真正的"我"不允许我这样做。于是，我站了出来，揭露了事情的真相。

　　至于寻到宝藏，那也是因为我有冒险精神。现在，波莉姨妈为我自豪，我也生活得很快乐。我想，这一切都归功于我找到了成为"我"的方向，并不断地为成为"我"努力。

　　波莉姨妈常说："人生的路很长。"我不知道我的人生能否如期待般的圆满，但我相信：努力追寻，努力奋斗，努力做自己，这样的人生一定不会留下遗憾！

汤姆话音刚落，观众们便送上了雷鸣般的掌声。

戴着尖头帽的主持人将话筒递给嘉宾，方便他们提问。

这是一位女嘉宾，声音很清脆，问题却有些犀利："汤姆，你认为你的调皮捣蛋，也是做自己的重要表现之一吗？"

汤姆沉默了一会儿，说："是的，那也是我。当然，我的意思并不是每个孩子都要调皮捣蛋。对我来说，那是曾经的我最明显的特点。尽管那样的我给身边的人带来了很多麻烦，但那就是我，不一样的烟火，不是吗？"

嘉宾们开始打分，主持人将话筒递到小歪面前，让他做点评。小歪略做思考，清了清嗓子："请问，现在的你已经功成名就，还拥有人人羡慕的财富，你还能坚持做自己吗？"

汤姆笑了："当然，冒险已经融入我的血液中，即使我老了，我想我也依然是怀揣'绿林好汉梦'的冒险家。"

小歪接着说："汤姆的笑容给出了最好的答案。做自己不是一件容易的事，坚持做自己更是难上加难。小时候爱探险，遭遇危险后依然爱探险，克服重重困难坚持要探险，收获成功后仍然不忘去探险……这是多么美好的事情啊！我常常听见大人们说一句话，是'不忘初心，方得始终'，以前我不明白，但今天听了汤姆的演讲，我想我明白了这句话的含义。坚持做一件事，做好一件事，这就是'做自己'的最高境界吧。"

小歪说着，朝汤姆行了个礼："亲爱的汤姆，向你致敬！"

汤姆也朝小歪致意，观众席上又响起了雷鸣般的掌声。小歪手中的七彩话筒喷出七彩的烟雾，整个舞台被七彩的光芒拥抱着，格外炫目。

主持人接过话筒："接下来，让我们掌声欢迎第二位参赛选手，一起聆听他的精彩演讲。"

话音刚落，舞台中间的烟雾散去，一个瘦瘦的身影出现在舞台上——黄里带白的皮肤，浓密的"一"字胡须，深邃的眼眸，是鲁迅！

鲁迅自带气场，现场安静了下来。

在舞台中间站定，他开始了演讲：

朋友们：

　　幸运的人一生都在被童年治愈，不幸的人用一生治愈童年。大家好，我是鲁迅，今天我演讲的主题是"童年，精神的家园"。

　　有人说，童年是一生中最美妙的阶段，那时，孩

子就像一粒种子，每天都在蓄势萌发，每天都涌动着对事物热切的期盼。这固然正确，但也略显肤浅。在我看来，童年的情形，便是将来的命运。我们的成长像是一片树林，而童年就是树木的根系，一刻都不曾与我们分离。无论树木长得多高，它永远也离不开童年"根系"的滋养。

我常常想起我的童年生活。儿时，在故乡，我吃菱角、罗汉豆、茭白、香瓜。凡这些，都是极其鲜美可口的，都曾是使我思乡的蛊惑。后来，我在久别之后尝到了，也不过如此；惟独在记忆上，还有旧来的意味留存。童年的记忆，或许就像这儿时家乡的美食一样，经过时间的沉淀，产生了无与伦比的美好。人在成长过程中，总是在对童年时光进行反刍。

我的童年时光非常美好。

幼时的夏夜，我躺在一株大桂树下的小板桌上乘凉，祖母摇着芭蕉扇坐在桌旁，给我猜谜、讲故事。平时，我的保姆阿长也爱给我讲故事。在她们的讲述里，我知道了"猫是老虎的师傅"，知道了"长毛"，知道了"美女蛇"……这些神奇的故事常常像电影一样，在我的脑海中不断浮现。

　　我不是一个安静的孩子。百草园是我的乐园，叫天子、油蛉、蟋蟀、斑蝥都是我的朋友。我曾为了寻找像人形的何首乌，弄坏过泥墙；也曾为了拍雪人（将自己的全形印在雪上）和塑雪罗汉而挨骂。冬日里，我撒秕谷，用竹筛捉鸟；夏日里，我爬桂花树，只为寻找蝉蜕。实在无聊的时候，我还会捉了苍蝇喂蚂蚁。

　　我打小爱看书。我的先生对我很严厉。那时，我只读书，正午习字，晚上对课。先生见我学得快，给我读的书渐渐加多。我很快便读完了"四书五经"，还看了《周礼》《尔雅》等。不过，我可不只读先生教的书，还爱读各种各样的书，小人书、稗官野史，尤其是长妈妈不知从哪儿变出来的《山海经》，那可是我的最爱！只要能收集到的书，我都看，也都爱看，这些书帮我打开了一片新天地。

　　我的一生充满了坎坷。童年，是我人生中最宁静、最温暖的回忆。当我因为生活中的种种苦难，感到无比挫败时，这些回忆带给我慰藉，给我奋然前行的力量。我这一生，买书、抄书、写书、藏书、翻译书，与书相伴，也都离不开童年阅读的积淀。童年，是我的精神家园。

朋友们，我是个幸运的人，尽管我的生活波澜不断，我被人误解甚至围攻，但童年的光亮不断温暖着我，治愈着我，让我笃定地继续往前走。

祝你们拥有幸福的童年，被温情与善意滋养一生！

鲁迅向大家鞠了一躬，小歪便鼓起掌来。“下面有请嘉宾提问。”主持人的声音响起。

是一个孩子的声音：“鲁迅先生，我觉得您的童年真好玩，不像我的童年，除了作业还是作业，天天学习，一点乐趣都没有。鲁迅先生，您有办法把我的童年生活变得有趣一点吗？”

“我童年时也在努力学习！”鲁迅笑了，“童年的快乐很多很多，你得学会自己寻找！你可以有自己的秘密基地，就像我的百草园那样，认识各种有意思的动物、植物。那是亲近自然的快乐！你可以和要好的伙伴一起玩，我那雪地捕鸟的本领，就是好伙伴闰土教的呢。那是互相陪伴的快乐！在三味书屋，虽然我也调皮捣蛋，但先生讲的不少内容我还是听进去了，更别说我对各种图书的兴趣了。那是探索知识的快乐！我相信，你一定可以通过自己的方法，找到你的快乐！"

话筒递到了小歪面前，小歪知道，主持人让他来做精彩点评了。他拿起话筒："尊敬的鲁迅先生，亲爱的观众朋友们，大家好！鲁迅先生是我非常佩服的人，原本我以为他是一个不苟言笑的人。但听了他的演讲，我对他有了全新的认识。原来鲁迅先生和我们一样，童年的时候也有调皮捣蛋的一面。鲁迅先生说童年是人的精神家园，我的理解是，童年发生的一切对一个人的成长都有很重要的意义。就拿我来说，这个暑假，我到了乡下外婆家，度过了一段难忘的时光，又在书海世界有了一段奇特的经历，这一定会成为我一辈子都难以忘怀的记忆。这样珍贵的记忆越多，精神家园就会越美好，我们在成长中也会更幸福。鲁迅先生，我的理解对吗？"

舞台上，鲁迅先生捋了捋胡子，笑了。

雷鸣般的掌声再次响起，小歪看见大家笑盈盈的，心里更自豪了。

06

小歪的特别分享

　　舞台中的幕布拉开又合上，绿山墙的安妮、俗世奇人组合、战马的主人艾伯特……轮番登场，小歪享受着视听盛宴，心情无比舒畅。

　　这时，只听主持人说："接下来要进入的是最激动人心的颁奖环节。由于计算每位选手的成绩需要一点时间，我们特别邀请了一位神秘的嘉宾，来做一次特别分享。他是光临书海世界的第 1098749376 位游客，也是书海世界第一位闯关成功、获得神秘大奖的游客。下面，我们欢迎王小歪同学为我们做精彩的分享！"

　　小歪有些忐忑地站起来，他的目光穿过观众席，美人鱼、巨人、精灵们都用热切的目光看着自己，他忽然觉得无比自豪。

他回想着一个暑假以来，自己在书虫的指导下读过的那些书，整理过的那些方法，站起身来，胸有成竹地说：

亲爱的伙伴们：

大家好！

其实，来到书海世界之前，确切地说，是暑假开始前，我并不喜欢读名著，总觉得它们枯燥乏味，没有我喜欢的那些漫画书有趣。但是，在闯关的过程中，我读了七部名著，它们改变了我的想法。我发现：名著和我曾经喜欢的其他书一样有趣，甚至更有意思。

怎样才能更好地读名著呢？我归纳了一些方法，想和大家分享。

第一，不要畏难。外国名著中，主人公的名字往往很长，看了又记不住；《西游记》之类的古典小说中，很多句子难以理解……遇到这些问题，我们不能畏惧它们，而应想办法解决它们。比如，名字长的，可以缩短，或者直接用代号来代替；难以理解的句子，如果不影响故事情节，就直接跳过。如果一定要弄懂的，就去请教大人或者查阅资料。

第二，多做预测。读书的时候，要学会让自己偶尔停下来，做一做预测，这是非常有趣的方法。比如我读《绿山墙的安妮》，读到她考上女王学院，可是收养她的马修却不幸去世了，我便停了下来，问自己："如果我是安妮，我怎么选择？是继续读书，还是回家经营绿山墙庄园，照顾玛丽拉？"我的脑海中浮现出很多想法，带着这些想法，我再去读故事，便像寻找答案一般，故事也变得更有滋味了。

第三，多做记录。我的好朋友书虫教给我许多做记录的方法。读《战马》的时候，他教我绘制"人物路线图"，梳理战马和所有人物之间的关系，我便很快了解了整个故事内容，对人物之间的联系、异同也更加清晰；读《西游记》时，他教我整理各种图表，比如"西游兵器库""西游妖怪武力大比拼""西游神仙列表"等，使我不仅读得更深入，而且越整理越觉得有趣；读《俗世奇人》时，他教我绘制人物特点图，对比所有人物的特点，这也非常有趣。

第四，多方链接。很多经典名著都被拍成了电影或者电视剧，借助它们，我们也能将名著读得更透彻。比如电影《战马》和电视剧《西游记》。看了相关的电影和电视剧，我不仅对故事内容的印象更加深刻，更有意思的是，还可以通过对比找不同，发现电影或电视剧和故事本身的区别。这样，对书的理解就更深刻了。

第五，常常提问。读完一本书，可以多问为什么。我读《汤姆·索亚历险记》，读完后便常常思考：为什么那么多人喜欢汤姆？他最值得我学习的是什么？读《骆驼祥子》后，我也常常思考：如果祥子生活在我们这个年代，他的生活会是怎样的？这样问着问着，我对书本的内容也就形成了自己的看法。

以上就是我的一些粗浅想法，还请大家批评指正。

小歪兴奋地回到评委席上。

美人鱼、巨人、精灵们都站了起来，他们把最热烈的掌声送给了小歪。

小歪享受着从未有过的自豪与幸福。

07

动人的颁奖典礼

　　主持人的声音再次响起："腹有诗书气自华！感谢光临书海世界的第 1098749376 位游客的精彩分享。下面，我宣布本次活动的获奖情况：获得三等奖的是《绿山墙的安妮》代表队、《战马》代表队、《骆驼祥子》代表队和《俗世奇人》代表队。"

　　四个获奖的队伍在掌声中来到舞台中央。

　　"请美人鱼代表、巨人代表为他们颁奖！"

　　伴随着主持人饱含激情的声音和激动人心的音乐，美人鱼和巨人代表登场，给四个获奖的队伍颁奖。奖品用七彩的袋子包裹着，散发着炫目的光芒。

　　"接下来，我宣布获得二等奖的代表队，他们是《汤姆·索亚历险记》代表队和《西游记》代表队。"

两个代表队在掌声中闪亮登场。

"请精灵代表为他们颁奖！"

激动人心的音乐再次响起，身穿盛装的精灵代表上台，他将奖品——七彩的盒子，送到两个代表队手中。

"接下来我要宣布，本次大赛的一等奖获得者，是——《朝花夕拾》代表队！"

鲁迅的模仿者站在代表队的最中间，他在掌声中来到舞台正中央。

"请我们的特邀评委——光临书海世界的第 1098749376 位游客为他们颁奖！"

小歪的嘴角几乎咧到耳朵边，他使劲按捺住激动的心情，快步走向舞台。

奖品太特别了——七彩的、不停变换形状的东西！它被小歪捧在手中，时而变成圆形，时而变成方形，时而像个宝塔，时而像辆汽车……小歪激动地将它递到鲁迅的模仿者手上。

现场的掌声几乎要把房顶震塌了！

小歪还没来得及从舞台上下去，无数的观众已经激动地涌了上来。他们簇拥在获奖者的身边，和他们合影，请他们签名。

小歪正想请鲁迅的模仿者为自己签名，没想到，一位美人鱼拉着他的手说："敬爱的书海世界的第 1098749376 位游客，你能给我签个名吗？"

小歪深感荣幸，他用颤抖的手，在美人鱼的本子上，工工整整地写下了"王小歪"三字。

不知从哪里飘来了音乐声，舞台上，一首诗冉冉升起，一个饱含深情的声音在朗诵：

没有一艘船能像一本书

[美国] 狄金森

没有一艘船能像一本书
也没有一匹骏马能像
一页跳跃着的诗行那样——
把人带往远方。

这渠道最穷的人也能走
不必为通行税伤神
这是何等节俭的车——
承载着人的灵魂。

不知不觉间，现场所有的人都念了起来：

没有一艘船能像一本书

也没有一匹骏马能像

一页跳跃着的诗行那样——

把人带往远方。

　　念着念着，小歪不禁眼含热泪，他从未像这一刻这般，想要读更多的书，读更多的好书。

后 记

　　回到熟悉的房间，小歪还在回味刚才经历的一切。

　　书虫的白胡子抖动起来："小歪，我觉得这趟旅行，太值得了。书海世界的这项活动，就是最好的神秘大奖！"

　　小歪点点头，指着桌上的书说："书虫，我决定了：我要把这些书全部看完，它们每一本都是一个独特的世界，每一本都值得细细品味。"

　　正说得高兴，楼下传来外婆的声音："小歪，快下来，爸爸妈妈来了！"

　　"什么？爸爸妈妈？"小歪吃惊地起身，往楼下跑去。

　　爸爸妈妈真的来了，和他们一起来的，还有三大摞书，那是暑假开始的时候，小歪亲自打包的。

　　"给，儿子，书给你带来了！"妈妈指着一个大袋子说。

　　小歪用力地将大袋子拖到自己身边，拿起剪刀，剪开了袋子。看见袋子里的书，他竟然没有预想中的兴奋与期待。

"怎么了，儿子，难道妈妈又带错了？"妈妈奇怪地看着小歪。

"不是的，妈妈。"小歪摇摇头，"这些书，您还是带回去吧。"

"这些不是你的最爱吗？"妈妈更加吃惊了。

"我现在爱上您寄错的那些书了。"小歪自豪地说，"至于这些，只是我曾经的最爱。它们，都是过去式了！嘿嘿！"

"真的？"妈妈噌地一下从位子上站起来，"儿子，你真的爱上了妈妈特意给你准备的那些书？"

"是的。"外婆笑眯眯地说，"一天到晚捧着，跟他外公、舅舅，还有小诗，整天聊个不停，说得还挺有意思。"

妈妈激动得简直无法用语言来形容。

"妈妈，刚才你说，那些书是你特意准备的？"小歪忽然问。

妈妈愣住了："这个嘛……呵呵……这个……"